English for German speakers

cemal yazıcı

Published by cemal yazıcı, 2024.

While every precaution has been taken in the preparation of this book, the publisher assumes no responsibility for errors or omissions, or for damages resulting from the use of the information contained herein.

ENGLISH FOR GERMAN SPEAKERS

First edition. November 3, 2024.

Copyright © 2024 cemal yazıcı.

ISBN: 979-8227361448

Written by cemal yazıcı.

Also by cemal yazıcı

One night, One bar, One life
Gel İngilizce Konuşalım
Ufkun Ötesinde Ütopyayı Keşfetmek
Yellow Chickpea
The English Explorer
English Explorer Stories
English Between Lines
İngilizce Satır Araları 65
English Stories
English stories turkish
English dialogue diaries 1-2
English Dialogue Diaries 1 2
English Learning Stories Rocky Stone 1
English Learning Stories Rocky Stone 1
Learning English With Podcast
Learning English With Podcast
English Learning Stories A1 A2 level
English Learning Stories A1 A2 level
English for German speakers
English for German speakers

PREFACE

English for German Speakers

Unlock the world of imagination with our captivating collection of English reading stories! Designed for readers of all ages, this anthology is a treasure trove of engaging tales that transport you to realms filled with adventure, romance, and unforgettable characters.

Indulge your curiosity as you navigate through diverse narratives that inspire the mind and ignite the spirit of exploration. Each story is meticulously crafted, offering unique plots that blend excitement and emotion, ensuring there's something for everyone. From daring quests in enchanted lands to heartwarming tales of love and friendship, every page invites you to lose yourself in a new adventure.

Perfect for cozy evenings or adventurous afternoons, this collection not only entertains but also enhances language skills and fosters a love for reading. Whether you're sharing stories with family or enjoying a solitary escape, these enchanting tales are bound to spark joy and imagination.

Join us on this literary journey and discover the magic that lies within the pages. Unleash your imagination and embark on an adventure today!

All Rights Reserved © 2024 Cemal Yazıcı
Cover and Page Design: Cemal Yazıcı

PRÄAMBEL

English for German Speakers

Erschließen Sie eine Welt der Fantasie mit unserer faszinierenden Sammlung englischer Lesegeschichten! Diese Anthologie richtet sich an Leser jeden Alters und ist eine Fundgrube faszinierender Geschichten, die Sie in Länder voller Abenteuer, Romantik und unvergesslicher Charaktere führen.

Befriedigen Sie Ihre Neugier, während Sie durch eine Vielzahl von Erzählungen navigieren, die den Geist inspirieren und den Entdeckergeist entfachen. Jede Geschichte ist akribisch ausgearbeitet und bietet einzigartige Wendungen, die Spannung und Emotionen miteinander verbinden und sicherstellen, dass für jeden etwas dabei ist. Von waghalsigen Abenteuern in magischen Ländern bis hin zu herzerwärmenden Geschichten über Liebe und Freundschaft lädt Sie jede Seite ein, in ein neues Abenteuer einzutauchen.

Perfekt für gemütliche Abende oder abenteuerliche Nachmittage, unterhält diese Kollektion nicht nur, sondern verbessert auch die Sprachkenntnisse und fördert die Liebe zum Lesen. Egal, ob Sie Geschichten mit Ihrer Familie teilen oder einen Solo-Kurzurlaub genießen, diese fesselnden Geschichten werden mit Sicherheit Freude und Fantasie anregen.

Begleiten Sie uns auf dieser literarischen Reise und entdecken Sie die Magie der Seiten. Lassen Sie Ihrer Fantasie freien Lauf und begeben Sie sich noch heute auf ein Abenteuer!

Alle Rechte vorbehalten © 2024 Cemal Yazıcı
Cover- und Seitengestaltung: Cemal Yazıcı

English for German Speakers

1-Dreams in the Garden: A Young Cowboy's Adventure

In a small town, where rolling hills met endless skies, lived an 8-year-old boy named Jake. With tousled hair that danced in the wind and sparkling blue eyes full of wonder, Jake embodied the very essence of childhood curiosity. His most treasured possession was a well-worn cowboy hat that his father had gifted him last Christmas, a token of admiration for his son's wild imagination and adventurous spirit.

Every day after school, Jake raced home to the sprawling backyard of his family's modest home. The sun would cast long shadows on the grass as he stepped into his world of dreams. His father owned a sturdy horse named Duke, a loyal companion to the boy's adventures. Duke was more than just an animal; he was a vessel of Jake's ambitions, his partner in all things cowboy.

One sunny afternoon, with the sky a vivid blue and the scent of wildflowers wafting through the garden, Jake found himself once again in Duke's presence. The horse stood gracefully, his chestnut coat gleaming in the sunlight, and Jake could see the warmth in Duke's gentle eyes. As Jake approached, he felt the familiar tug of daydreams pulling him into a world where he was not just a boy, but a fearless cowboy riding through uncharted lands.

"Today, we're gonna be cowboys!" Jake declared proudly, as if announcing an expedition. He imagined the garden transforming into a vast prairie, wide-open spaces stretching endlessly beyond the horizon. The flower beds morphed into sprawling fields of golden grass, while the wooden fence became a frontier stronghold that protected his homestead from any imagined dangers lurking beyond.

Jake took a deep breath, channeling the courage of the legendary cowboys he had read about in storybooks. He climbed onto Duke's back, feeling the sturdy muscles shift beneath him. The sensation ignited a fire of adventure within his heart. "Giddy up, Duke!" he shouted, kicking his feet as if he were galloping off into the sunset.

Together, they explored every inch of the garden, Jake's laughter ringing out like the distant sound of a campfire song. He pretended to be on a cattle drive, herding wild mustangs across the plains, all while Duke trotted obediently along. As he wove tales of danger and excitement, Jake expertly navigated imaginary obstacles: storms brewing overhead, rival cowboys challenging him to duels, and bandits attempting to steal his precious herd.

Between thrilling escapades, Jake would pause to glance at the ornate wooden stable his father built just last summer. It was there that his dreams took shape. Each plank represented hours of hard work and dedication, mirroring Jake's own aspirations. He understood that being a cowboy wasn't just about the adventures; it was about responsibility, integrity, and dedication. He would one day be a rancher, tending to the land and the animals, just like his father.

His mind wandered to thoughts of the Wild West—of magnificent sunsets, campfires with friends, and the songs sung beneath a blanket of stars. He envisioned himself leading a band of friendly faces, working together to brave the wilderness and share tales of their courage. In Jake's eyes, the world was full of possibility, and he was ready to seize it, one gallop at a time.

As evening descended, casting a golden hue across the garden, Jake felt the weight of reality tugging at him. Although he would grow up, leaving these childhood fantasies behind, he resolved to carry a piece of that cowboy spirit within him—a spirit of resilience, adventure, and a deep love for the land and those who inhabit it.

With a grin spreading across his face, he finally dismounted Duke and said, "Thank you for today, buddy. We'll go again tomorrow." The horse nickered in response, as if in agreement, ready to join Jake on countless more adventures.

With a heart full of dreams and a spirit as wild as the open plains, Jake stepped into his home, where the world of reality awaited him. But he knew that with Duke by his side and that cowboy hat atop his head, the adventures would never truly end. Each day in the garden was merely a stepping stone toward a future filled with endless possibilities—just like every great cowboy story waiting to be written.

English for German Speakers

1-Träume im Garten: Das Abenteuer eines jungen Cowboys

In einer kleinen Stadt, in der sanfte Hügel auf den endlosen Himmel trafen, lebte ein 8-jähriger Junge namens Jake. Mit seinem zerzausten Haar, das im Wind tanzte, und seinen strahlend blauen Augen, die voller Staunen waren, repräsentierte Jake den Inbegriff kindlicher Neugierde. Sein wertvollster Besitz war ein viel benutzter Cowboyhut, den ihm sein Vater letztes Jahr zu Weihnachten geschenkt hatte, ein Beweis für seine Bewunderung für die wilde Fantasie und den Abenteuergeist seines Sohnes.

Jeden Tag nach der Schule rannte Jake in den großen Hinterhof des bescheidenen Hauses seiner Familie. Als er in die Welt der Träume eintrat, fielen die langen Schatten der Sonne auf das Gras. Sein Vater besaß ein kräftiges Pferd namens Duke, das ein treuer Begleiter der Abenteuer des Knaben war. Duke war mehr als ein Tier; Er war ein Werkzeug von Jakes Ambitionen und sein Partner in Sachen Cowboy.

An einem sonnigen Nachmittag, als der Himmel strahlend blau war und der Duft von Wildblumen aus dem Garten wehte, fand sich Jake wieder in Dukes Gegenwart wieder. Das Pferd stand anmutig da, sein kastanienbraunes Fell glänzte im Sonnenlicht, und Jake konnte die Wärme in Dukes sanften Augen sehen. Als Jake sich näherte, spürte er, dass das vertraute Tauziehen der Träume ihn in eine Welt hineinzog, in der er nicht nur ein Junge, sondern ein furchtloser Cowboy war, der sich auf unbekanntem Terrain bewegte.

"Wir werden heute Cowboys sein!" Jake sprach stolz, als ob er eine Expedition ankündigte. Er stellte sich vor, wie sich der Garten in eine weite Wiese verwandelte, weite Flächen, die sich endlos über den Horizont erstreckten. Aus Blumenbeeten sind weite Felder geworden, die mit goldenem Gras bedeckt sind, während der Holzzaun zu einer

Grenzfestung geworden ist, die seinen Hof vor imaginären Gefahren schützt, die dahinter lauern.

Jake atmete tief durch und nutzte den Mut der legendären Cowboys, von denen er in seinen Märchenbüchern gelesen hatte. Er kletterte auf Dukes Rücken und spürte, wie sich die festen Muskeln unter ihm bewegten. Dieses Gefühl entfachte ein Feuer des Abenteuers in seinem Herzen. »Schwindelig, Herzog!« rief er und strampelte mit den Füßen, als ob er in den Sonnenuntergang galoppierte.

Gemeinsam erkundeten sie jeden Zentimeter des Gartens; Jakes Lachen erklang in der Ferne wie der Klang eines Lagerfeuerliedes. Als der Herzog gehorsam vorrückte, tat er, als gehöre er zu der Rinderherde, die wilde Mustangs über die Ebenen trieb. Jake überwand geschickt imaginäre Hindernisse, während Er Geschichten über Gefahren und Aufregung schrieb: Stürme, die über ihm aufzogen, rivalisierende Cowboys, die ihn zu einem Duell herausforderten, und Banditen, die versuchten, seine kostbare Herde zu stehlen.

Zwischen den aufregenden Abenteuern hielt Jake an, um sich die opulente Holzscheune anzusehen, die sein Vater im Sommer zuvor gebaut hatte. Dort nahmen ihre Träume Gestalt an. Jedes Board stand für Stunden harter Arbeit und Hingabe und spiegelte Jakes eigene Bestrebungen wider. Er verstand, dass es als Cowboy nicht nur um Abenteuer ging; Es ging um Verantwortung, Ehrlichkeit und Hingabe. Eines Tages würde er ein Bauer werden, der sich um sein Land und seine Tiere kümmerte, genau wie sein Vater.

Seine Gedanken wanderten in den Wilden Westen, spektakuläre Sonnenuntergänge, Lagerfeuer mit Freunden und Lieder, die unter einer Sternendecke gesungen wurden. Er stellte sich vor, wie er eine Gruppe freundlicher Gesichter anführte, die zusammenarbeiteten, um tapfer in der Wildnis zu kämpfen und ihre Geschichten von Mut zu teilen. In Jakes Augen war die Welt voller Möglichkeiten, und er war jedes Mal bereit, zu ihr hinüberzugaloppieren.

Als der Abend hereinbrach und dem Garten einen goldenen Farbton verlieh, spürte Jake, wie das Gewicht der Realität ihn überwältigte. Obwohl er diese Kindheitsfantasien hinter sich ließ, beschloss er, ein Stück dieses Cowboy-Geistes in sich zu tragen. Widerstandsfähigkeit, Abenteuergeist und eine tiefe Liebe für das Land und seine Bewohner.

Mit einem Grinsen auf seinem Gesicht trat er schließlich von Duke herunter und sagte: "Danke für heute, Mann. Morgen gehen wir wieder." Das Pferd wieherte, als ob es einverstanden wäre, bereit, Jake in vielen weiteren Abenteuern zu begleiten.

Mit einem Herzen voller Träume und einem Geist, so wild wie die offene Ebene, betrat Jake sein Zuhause, wo die Welt der Realität auf ihn wartete. Aber sie wusste, dass mit Duke an ihrer Seite und dem Cowboyhut auf dem Kopf die Abenteuer nie enden würden. Jeder Tag auf dem Hof, wie jede große Cowboy-Geschichte, die darauf wartete, geschrieben zu werden, war nur ein Sprungbrett in eine Zukunft voller unendlicher Möglichkeiten

2-Two Sisters' Adventure-Full Day at the Beach

One summer morning, as the sun was shining, two cheerful sisters, Amy and Berry, stepped onto the beach. These two brothers, who couldn't wait to experience one of the best moments of their childhood, set out that day to have a wonderful adventure on the beach.

When they first set foot on the beach, Ammy excitedly started building her biggest sand castle with her friend; Berry was examining the shiny shells he collected from the sea. They were going to have a race among themselves: Who would build the most beautiful sand castles?

While they were building sand castles, Ammy and Berry heard a strange sound brought by a gentle wind coming from the sea. They looked at the relevant areas with curiosity and decided to dig deeper to find the end of the sound. A little further down the beach, a group of children gathered around a round object. As they approached, they realized that this object was a message bottle from the sea.

When they opened the bottle, they found a note saying "The way to the Undersea Kingdom is hidden deep in the forest." The sisters immediately decided: They had to find this mysterious place!

They immediately left their sand castle behind and set off into the depths of the forest. They continued to laugh, encouraging each other as they moved among the sounds of nature. While they examine the tree trunk and flower with curiosity, they encounter many interesting animals along the way. Watching a few bunnies, cute birds, and even a squirrel was a reminder of how special their adventures were.

Finally, after a short walk, they came across an old boat deep in the forest. Ammy and Berry found a map placed on the side of the boat. The map showed the location of the Undersea Kingdom, along with a location on the coast. The place marked on the map was very close to where the boat was.

The sisters began to follow the exciting map. They suddenly found themselves in a field of blue flowers blooming. They realized that a tiny people lived here and became rich with various pieces of treasure coming from the sea. Filled with pressed seashells, golden starfish and polished pearls, this area was truly a paradise.

Losing track of time, Ammy and Berry enjoy this mysterious area. While laughing loudly, they continued to compete with each other by counting the colorful jewels they had collected. Everything was so magical that they left as the sun was setting, even though they didn't want to.

Remembering that their families were worried about them and that it was time to go, the girls screamed and left the forest behind and returned to the beach. After the wonderful experiences that day, Ammy and Berry experienced happiness in each other's company as not only sisters, but also adventure companions who shared their lives.

This summer, while pushing the limits of imagination, the adventure of two sisters exploring the world would be a completely different story full of friendship and adventure, filled with wonderful memories.

When the mothers of the girls, who were getting ready for bed in the evening, entered the room, they couldn't believe what they saw. There were many shells, sea sand, and soda shells on the girls' bed. As soon as the girls picked up the bottle washed ashore, they used their imagination and played in the small garden ahead. While they were still thinking that they had found a treasure, their mother slowly closed the door and left.

2-Das Abenteuer von zwei Schwestern - Ganzer Tag am Strand

Eines Sommermorgens, als die Sonne schien, betraten zwei fröhliche Schwestern, Amy und Berry, den Strand. Diese beiden Brüder, die es kaum erwarten können, einen der schönsten Momente ihrer Kindheit zu erleben, machen sich an diesem Tag auf den Weg, um ein wunderbares Abenteuer am Strand zu erleben.

Als sie zum ersten Mal einen Fuß auf den Strand setzten, begann Ammy aufgeregt, mit seinem Freund seine größte Sandburg zu bauen. Berry betrachtete die glänzenden Muscheln, die er aus dem Meer gesammelt hatte. Sie wetteiferten untereinander: Wer würde die schönsten Sandburgen bauen?

Während Ammy und Berry Sandburgen bauten, hörten sie ein seltsames Geräusch, das von einem sanften Wind aus dem Meer hervorgerufen wurde. Sie schauten sich die beteiligten Bereiche neugierig an und beschlossen, tiefer zu graben, um das Ende des Klangs zu finden. Etwas weiter unten am Strand hatte sich eine Gruppe von Kindern um einen runden Gegenstand versammelt. Als sie sich näherten, erkannten sie, dass es sich bei diesem Objekt um eine Nachrichtenflasche aus dem Meer handelte.

Als sie die Flasche öffneten, fanden sie einen Zettel mit der Aufschrift: "Der Weg zum U-Boot-Königreich ist tief im Wald verborgen." Die Schwestern beschlossen sofort: Diesen geheimnisvollen Ort mussten sie finden!

Sofort ließen sie ihre Sandburg hinter sich und machten sich auf den Weg tief in den Wald. Sie lachten weiter und ermutigten sich gegenseitig, während sie zwischen den Klängen der Natur umherwanderten. Während sie neugierig den Stamm und die Blüte des Baumes untersuchen, begegnen sie unterwegs vielen interessanten Tieren. Ein paar Kaninchen, einen niedlichen Vogel und sogar ein Eichhörnchen zu beobachten, war eine Erinnerung daran, wie besonders ihr Abenteuer war.

Nach einer kurzen Wanderung stießen sie schließlich tief im Wald auf ein altes Boot. Ammy und Berry fanden eine Karte an der Seite des Bootes. Die Karte zeigte die Lage des U-Boot-Königreichs und seine Position an der Küste. Der auf der Karte markierte Ort war ganz in der Nähe des Ortes, an dem sich das Boot befand.

Die Schwestern begannen, der aufregenden Karte zu folgen. Plötzlich fanden sie sich in einem Feld mit blauen Blumen wieder. Sie bemerkten, dass hier ein kleines Volk lebte und mit verschiedenen Schätzen, die aus dem Meer kamen, reich wurde. Gefüllt mit gepressten Muscheln, goldenen Seesternen und polierten Perlen war diese Gegend wirklich ein Paradies.

Unfähig zu verstehen, wie die Zeit vergeht, genießen Ammy und Berry diese mysteriöse Region. Laut lachend wetteiferten sie weiter miteinander und zählten die bunten Juwelen, die sie gesammelt hatten. Alles war so magisch, dass sie bei Sonnenuntergang wieder aufbrachen, auch wenn sie es nicht wollten.

Die Mädchen erinnerten sich daran, dass ihre Familien sich Sorgen um sie machten und dass es Zeit war zu gehen, schrien und verließen den Wald und kehrten zum Strand zurück. Nach den wunderbaren Erlebnissen an diesem Tag hatten Ammy und Berry das Glück, nicht nur als Schwestern, sondern auch als Abenteuergefährtinnen an ihrer Seite zu sein, die ihr Leben teilten.

In diesem Sommer sollte das Abenteuer zweier Schwestern, die Welt zu erkunden und dabei die Grenzen der Vorstellungskraft zu erweitern, eine völlig andere Geschichte werden, voller Freundschaft, Abenteuer und wundervoller Erinnerungen.

Als die Mütter der Mädchen, die sich am Abend bettfertig machten, das Zimmer betraten, konnten sie nicht glauben, was sie sahen. Auf dem Bett der Mädchen lagen jede Menge Muscheln, Seesand und Limonaden. Sobald die Mädchen die gestrandete Flasche aufhoben, nutzten sie ihre Fantasie, um in dem kleinen Garten vor ihnen zu spielen. Während sie noch glaubten, einen Schatz gefunden zu haben, schloss ihre Mutter langsam die Tür und ging.

ENGLISH FOR GERMAN SPEAKERS

3-John the Adventurer A Day of Wonder in the Enchanted Forest

In a quaint little village nestled between rolling hills and lush green fields lived a spirited boy named John. At seven years old, John was known for his wild imagination and insatiable curiosity. While most children played within the confines of their yards, John was captivated by the world beyond. One sunny morning, feeling particularly adventurous, he decided to embark on an extraordinary journey—one that would take him deep into the heart of the enchanted forest.

With a light backpack filled with essentials—a peanut butter sandwich, an old compass that belonged to his grandfather, and a small notebook—John set off early, as the first rays of sunlight bathed the village in a warm golden hue. As he crossed the familiar boundaries of his home, excitement bubbled within him like a pot of boiling water.

Entering the forest, John was immediately enveloped by the rich scents of pine and damp earth. Towering trees, their trunks thick and ancient, stood like wise sentinels, whispering secrets only the wind could understand. Sunlight filtered through the leaves, creating a dappled dance of light on the forest floor. John's heart raced as he thought of all the adventures that awaited him.

As he ventured further, John stumbled upon a hidden clearing bursting with vibrant wildflowers. Reds, yellows, and purples splashed color across the green landscape, and playful butterflies flitted from bloom to bloom. He paused to observe a group of ladybugs marching industriously along a stem, and in that moment, he felt as though he had stepped into a realm far removed from reality—a kingdom where magic was alive in every flicker of movement.

Suddenly, John heard a soft rustling sound to his left. Curiosity piqued, he tiptoed towards the noise, peeking between two thick bushes. To his astonishment, he discovered a small family of rabbits—soft, fluffy, and completely absorbed in their own little world. They hopped about, nibbling on the clovers and playing tag with one another. John chuckled quietly, enchanted by their antics. "I could be a rabbit for a day," he thought, imagining what it would be like to leap through the fields without a care in the world.

As he continued his exploration, John came across a narrow stream that sparkled in the sunlight like a ribbon of diamonds. He kicked off his shoes and gingerly stepped into the cool water, giggling as it tickled his toes. Here, he spotted shiny stones and delicate ferns peeking out from the water's edge. With a splash and a laugh, he decided he would collect a few of these treasures to take back home. Each stone was a trophy of his adventure, a piece of the enchanted world he would carry with him.

After a while, John's tummy began to grumble, reminding him that it was lunchtime. He found a sturdy rock to sit on by the stream and pulled out his peanut butter sandwich. As he munched away, he imagined he was having a picnic with forest animals. Squirrels chattered in nearby trees, and a curious deer peered from behind the bushes, watching him with wide, gentle eyes. John waved, and to his delight, the deer took a cautious step forward, as if inviting him into a silent friendship.

With his belly full, John felt a surge of newfound energy. In his exploration, he began to climb a great oak tree that stood proudly at the edge of the stream. Higher and higher he climbed, feeling like a brave explorer reaching new heights. From the top, the view was breathtaking. He could see the entire forest unfolding before him—an endless sea of green splashed with patches of vibrant color.

Just as he was taking in the majestic sight, a sudden rustle came from behind him. Startled, John turned to find a wise old owl perched on a nearby branch, its big eyes gleaming with wisdom. "What are you doing up here, little adventurer?" the owl hooted in a soft, melodic voice. John was taken aback, but his heart filled with joy. Here was a true creature of the forest!

"I'm exploring!" John exclaimed, "I want to see everything this magical place has to offer!"

The owl chuckled softly. "Ah, young one, the forest holds many wonders, but always remember to find your way back home. Adventure is sweet, but the warm embrace of home is even sweeter."

John nodded, understanding the importance of balance. He thanked the owl for its advice and began the descent from the tree, eager to continue his journey but also eager to return home.

As the sun began to dip low in the sky, casting long shadows upon the forest floor, John decided it was time to head back. He retraced his steps, careful to remember the path he had taken. With each footfall, he felt the weight of the day's adventures—a treasure trove of memories tucked away in his heart.

Finally, as he reached the edge of the forest, the familiar sight of his village appeared, and John couldn't help but smile. He had discovered the thrill of exploration, the beauty of nature, and the kindness of its creatures. But most importantly, he had learned a valuable lesson about adventure and home.

When he walked through the front door, his mother's worried eyes met his, and in that moment, he realized just how much he had missed her. "Where have you been, John?" she asked, concern tinging her voice.

"I went on an adventure!" he exclaimed, eyes sparkling with excitement. And as he shared tales of his day with the rabbits and his encounter with the wise old owl, John the Adventurer became not only a brave explorer but also a storyteller, weaving the magic of the forest into the fabric of home.

That day in the enchanted forest would be one of many adventures, but it would always remind John that the world is full of wonder—the real magic is in the journey and in the love that waits for us when we return.

3-Abenteurer John: Ein wunderbarer Tag im Zauberwald

In einem malerischen kleinen Dorf, eingebettet zwischen sanften Hügeln und saftig grünen Feldern, lebte ein lebhafter Junge namens John. Als er sieben Jahre alt war, war John für seine wilde Fantasie und seine unersättliche Neugier bekannt. Während die meisten Kinder in ihren eigenen Gärten spielten, war John fasziniert von der Welt dahinter. An einem sonnigen Morgen, als er sich besonders abenteuerlustig fühlte, beschloss er, sich auf eine außergewöhnliche Reise zu begeben, die ihn tief in den Zauberwald führen sollte.

John machte sich früh auf den Weg mit einem leichten Rucksack voller Essentials (ein Erdnussbuttersandwich, ein alter Kompass, der seinem Großvater gehörte, und ein kleines Notizbuch), während die ersten Sonnenstrahlen das Dorf in eine warme goldene Farbe tauchten. Als er die vertrauten Grenzen seines Zuhauses überschritt, stieg die Aufregung in ihm auf wie ein Topf mit kochendem Wasser.

Als John den Wald betrat, wurde er sofort von den reichen Düften der Kiefer und der feuchten Erde umhüllt. Die hohen Bäume, deren Stämme dick und alt waren, standen wie weise Wächter da und flüsterten Geheimnisse aus, die nur der Wind verstehen konnte. Sonnenlicht dringt durch die Blätter und erzeugt einen gesprenkelten Lichttanz über den Waldboden. Johns Herz raste, als er an die Abenteuer dachte, die ihn erwarteten.

Als John es wagte, weiter zu gehen, stieß er auf eine versteckte Öffnung, die mit leuchtenden Wildblumen gefüllt war. Rot-, Gelb- und Violetttöne brachten Farbe in die grüne Landschaft, und fröhliche Schmetterlinge flogen von Blume zu Blume. Er blieb stehen, um eine Gruppe Marienkäfer zu beobachten, die fleißig an einem Stiel entlang gingen, und in diesem Moment fühlte er sich, als wäre er in ein Reich getreten, das weit von der Realität entfernt war, ein Königreich, in dem die Magie mit jedem Krümel der Bewegung zum Leben erweckt wurde.

Plötzlich hörte John ein leises Rascheln zu seiner Linken. Seine Neugierde wuchs, und er trat auf die Zehenspitzen zu dem Geräusch und spähte durch die beiden dichten Büsche. Zu ihrer Überraschung entdeckte sie eine kleine Familie von Kaninchen, weich, flauschig und völlig in ihre eigene kleine Welt eingetaucht. Sie sprangen, knabberten an Kleeblättern und jagten miteinander. John kicherte leise, fasziniert von ihren Eigenheiten. "Vielleicht bin ich für einen Tag ein Kaninchen", dachte er und malte sich aus, wie es wäre, sorglos durch Felder zu springen.

Als er seine Erkundung fortsetzte, stieß John auf einen schmalen Bach, der im Sonnenlicht schimmerte wie ein Band aus Diamanten. Sie zog ihre Schuhe aus, stieg vorsichtig in das kühle Nass und kicherte, während das Wasser ihre Zehen kitzelte. Hier sah er glänzende Steine und zarte Farne, die aus dem Wasser hervorlugten. Zu seinem Erstaunen und Lachen beschloss er, einige dieser Schätze zu sammeln, um sie mit nach Hause zu nehmen. Jeder Stein war eine Belohnung für sein Abenteuer, ein Teil der magischen Welt, die er mit sich tragen würde.

Nach einer Weile fing Johns Bauch an zu knurren und er erinnerte ihn daran, dass es Zeit für das Mittagessen war. Er fand einen stabilen Stein, auf dem er sich am Bach niederlassen konnte, und holte sein Erdnussbutter-Sandwich hervor. Während des Essens stellte er sich vor, dass er ein Picknick mit den Waldtieren machte. Eichhörnchen schnatterten in den nahen Bäumen, und ein neugieriges Reh beobachtete ihn aufmerksam hinter den Büschen mit großen, sanften Augen. John winkte, und das Reh machte einen vorsichtigen Schritt vorwärts, als ob es ihn zu seiner großen Freude zu einer stillen Gemeinschaft einladen wollte.

Mit vollem Bauch spürte John einen neu gewonnenen Energieschub. Während der Expedition begann er, eine große Eiche zu erklimmen, die stolz am Rande des Baches stand. Er fühlte sich wie ein mutiger Entdecker, der neue Höhen erreichte, und kletterte höher und höher. Von oben betrachtet war die Aussicht atemberaubend. Er konnte den ganzen Wald sehen, der sich vor ihm ausbreitete; Ein riesiges Meer aus Grün, geschmückt mit leuchtenden Farben.

Gerade als ich diese herrliche Aussicht betrachtete, ertönte ein plötzliches Rascheln hinter ihm. Erstaunt drehte sich John um und fand eine alte, weise Eule, die auf einem Ast in der Nähe saß und deren große Augen vor Weisheit funkelten. "Was machst du hier, kleiner Abenteurer?", zwitscherte die Eule mit sanfter, melodischer Stimme. John war überrascht, aber sein Herz war von Freude erfüllt. Hier war es ein echtes Geschöpf des Waldes!

"Ich bin auf Erkundungstour!" John rief aus: "Ich möchte alles sehen, was dieser magische Ort zu bieten hat!"

Die Eule kicherte langsam. "Ach, junger Mann, der Wald birgt viele Wunder, aber denke immer daran, den Weg nach Hause zu finden. Abenteuer sind süß, aber die warme Umarmung von zu Hause ist noch süßer."

John nickte, da er verstand, wie wichtig das Gleichgewicht war. Er dankte der Eule für seinen Rat und begann, vom Baum herabzusteigen, begierig darauf, seine Reise fortzusetzen, aber auch begierig darauf, nach Hause zurückzukehren.

Als die Sonne am Himmel zu sinken begann und lange Schatten auf den Waldboden warf, beschloss John, dass es an der Zeit war, sich zurückzuziehen. Er trat einen Schritt zurück, wobei er sich an den Weg erinnerte, den er genommen hatte. Mit jedem Schritt fühlte er die Last der Abenteuer des Tages; Es war eine Fundgrube an Erinnerungen, die in seinem Herzen verborgen waren.

Als er schließlich den Rand des Waldes erreichte, erschien das vertraute Bild seines Dorfes, und John konnte sich ein Lächeln nicht verkneifen. Er hatte den Nervenkitzel des Entdeckens, die Schönheit der Natur und die Güte seiner Geschöpfe entdeckt. Aber vor allem aber hatte er eine wertvolle Lektion über Abenteuer und Heimat gelernt.

Die besorgten Augen ihrer Mutter begegneten ihr, als sie durch die Haustür trat, und in diesem Moment wurde ihr klar, wie sehr sie sie vermisste. »Wo warst du, John?« fragte sie mit besorgter Stimme.

Ich bin auf einem Abenteuer!« rief sie aus, und ihre Augen glänzten vor Aufregung. Der Abenteurer John erzählte von seinem Tag mit den Kaninchen und seiner Begegnung mit der weisen alten Eule und wurde nicht nur zu einem mutigen Entdecker, sondern auch zu einem Geschichtenerzähler, der die Magie des Waldes in die Bausubstanz des Hauses einwebte.

Dieser Tag im Zauberwald sollte eines von vielen Abenteuern sein, aber er sollte John immer daran erinnern, dass die Welt voller Wunder ist; Die wahre Magie lag in der Reise und der Liebe, die uns erwartete, als wir zurückkehrten.

4-John's Big Adventure: A Day of Discovery at 5 Years Old

Once upon a time, in a cozy little house on Maple Lane, lived a curious and adventurous little boy named John. At just five years old, he was known for his boundless energy and vivid imagination. One sunny Saturday morning, while his parents were busy in the kitchen preparing breakfast, John hatched a daring plan. Today, he would go on an adventure — all by himself!

As the sun's golden rays poured into his room, John donned his favorite blue cap, which had a picture of a superhero on the front. He quickly grabbed his trusty toy backpack, which he imagined as a magical bag that could hold anything he might need on his quest. He stuffed in a few essentials: a peanut butter sandwich (his favorite!), a small bottle of juice, his beloved teddy bear, and, of course, a crayon and a notebook for important discoveries.

With a determined nod, John tiptoed to the front door. He paused for a moment, his small heart racing with excitement and just a hint of nervousness. But he remembered his superhero motto: "Be brave, be adventurous!" With that, he turned the doorknob and stepped outside into the wide, wonderful world.

The outside world was a treasure trove waiting to be explored. The sun smiled down on him, and the chirping birds seemed to cheer him on as he ventured into his neighborhood. John's first stop was the big oak tree at the end of their street. It stood tall and proud, with branches that stretched out like welcoming arms. John imagined it was a giant castle, and he was a heroic knight here to rescue a trapped princess.

Climbing carefully onto one of the lower branches, John peered out over his "kingdom." From up there, he could see his street winding away like a ribbon. He spotted Mr. Thompson watering his garden and waved enthusiastically. Mr. Thompson waved back, chuckling at the sight of the little boy in his cap, like a tiny explorer surveying his land.

After descending from his castle, John continued his journey to the local park, which was just a short walk away. When he arrived, he was greeted by the laughter of other children swinging and playing. He spotted a bright red slide that looked like it could take him to new heights. With a gleeful shout, John ran toward it, ready to conquer it.

As he climbed to the top, he could see the entire park sprawling below him. He took a deep breath and surged down the slide, feeling the rush of wind against his face. At the bottom, he landed in a fit of giggles and quickly joined other kids in a game of tag, where he felt like the fastest superhero on the playground.

After a fun-filled hour, John took a break and plopped down on the grass under a shady tree. He pulled out his sandwich and juice to refuel. As he munched away, he took out his crayon and notebook to document his adventures. He drew the big oak tree, the park, and even a stick-figure version of himself flying down the slide. Each drawing was accompanied by some scribbled notes about his day, his own little diary of a brave adventurer.

Time flew, and soon it was time for John to head home. With the sun beginning to set, he realized he had grown tired, but his heart was full of joy. As he walked home, he replayed all the fantastic things he had seen and done, feeling proud of his big adventure.

When John opened the door to his house, his parents greeted him with smiles and surprise. "You've been on quite the adventure today!" his mom exclaimed, giving him a big hug. John grinned from ear to ear and excitedly recounted every detail of his day — from his royal oak tree castle to the thrilling slide at the park.

That night, as John snuggled into his bed, his trusty teddy bear by his side, he dreamed of all the adventures still waiting for him. He knew that every day held the potential for new discoveries, and he couldn't wait for tomorrow. For in the heart of a five-year-old boy, every day could become a grand adventure just waiting to unfold.

And so, John drifted off to sleep, the world of imagination wrapping around him like a warm blanket, filled with dreams of being a hero, a knight, an explorer, and most importantly — a brave adventurer.

4-John's Big Adventure: Ein Tag voller Entdeckungen im Alter von 5 Jahren

Es war einmal vor langer Zeit, in einem gemütlichen kleinen Haus in der Maple Lane lebte ein neugieriger und abenteuerlustiger kleiner Junge namens John. Im Alter von fünf Jahren war er für seine grenzenlose Energie und lebhafte Fantasie bekannt. An einem sonnigen Samstagmorgen, während seine Eltern in der Küche mit der Zubereitung des Frühstücks beschäftigt waren, hatte John einen kühnen Plan. Er begab sich heute auf ein eigenes Abenteuer!

Als die goldenen Sonnenstrahlen in sein Zimmer fielen, setzte John seinen blauen Lieblingshut mit dem Bild eines Superhelden auf der Vorderseite auf. Er hob schnell seinen treuen Spielzeugrucksack auf, den er sich als magische Tasche vorstellte, in der er alles aufnehmen konnte, was er während seiner Mission brauchen könnte. Sie stopfte ein paar wichtige Dinge hinein: ein Erdnussbutter-Sandwich (ihr Lieblingssandwich!), eine kleine Flasche Saft, ihren geliebten Teddybären und natürlich einen Buntstift und ein Notizbuch für wichtige Entdeckungen.

John nickte entschlossen und ging auf Zehenspitzen auf die Haustür zu. Er hielt einen Augenblick inne, sein kleines Herz klopfte schnell vor Aufregung und nur vor leichter Nervosität. Aber er erinnerte sich an das Superhelden-Motto: "Sei mutig, sei abenteuerlustig!" Damit drehte er den Türknauf und trat hinaus in die weite, wunderbare Welt.

Die Außenwelt war ein Schatz, der darauf wartete, entdeckt zu werden. Die Sonne lächelte ihm zu, und die zwitschernden Vögel schienen ihn aufzuheitern, als er seine Nachbarschaft betrat. Johns erster Halt war die große Eiche am Ende der Straße. Er stand aufrecht und stolz, mit Ästen, die sich wie einladende Arme ausstreckten. John stellte sich vor, dass es sich um eine riesige Burg handelte und dass er ein heldenhafter Ritter war, der hier war, um eine Prinzessin zu retten, die in der Falle saß.

John blickte über sein eigenes "Königreich", während er vorsichtig einen der Äste unter ihm erklomm. Von dort aus konnte er sehen, wie sich seine Straße wie ein Band kräuselte. Er sah Mr. Thompson seinen Garten bewässern und winkte begeistert. Als Mr. Thompson den kleinen Jungen mit dem Hut sah, antwortete er, winkte und kicherte wie ein kleiner Entdecker, der sein Land erkundet.

Nachdem er von Bord seines Schlosses gegangen war, setzte John seine Reise zum örtlichen Park fort, der nur einen kurzen Spaziergang entfernt war. Als er dort ankam, wurde er von anderen Kindern, die schaukelten und spielten, mit Gelächter begrüßt. Er sah eine leuchtend rote Rutsche, die aussah, als würde sie ihn in neue Höhen bringen. John stürzte mit einem freudigen Schrei auf ihn zu, bereit, ihn zu erobern.

Als er auf den Gipfel kletterte, konnte er den gesamten Park sehen, der sich unter ihm erstreckte. Er atmete tief ein und spürte, wie der Wind ihm ins Gesicht schlug, als er die Rutsche hinunterfuhr. Er fing unten an zu kichern und gesellte sich schnell zu den anderen Kindern in einem Tag-Game, bei dem er sich wie der schnellste Superheld auf dem Spielplatz fühlte.

Nach einer Stunde Spaß machte John eine Pause und legte sich unter einen schattigen Baum ins Gras. Er holte sein Sandwich und seinen Saft hervor, um aufzutanken. Während er sein Essen aß, zog er seinen Buntstift und seinen Notizblock hervor, um seine Abenteuer zu dokumentieren. Er zeichnete die große Eiche, den Park und sogar seine Version des Strichmännchens, das die Rutsche hinunterfliegt. Jede Zeichnung wurde von einigen gekritzelten Notizen über seinen Tag begleitet, der das kleine Tagebuch eines tapferen Abenteurers war.

Die Zeit verging wie im Flug, und bald war es Zeit für John, nach Hause zu gehen. Als die Sonne unterzugehen begann, merkte er, dass er müde war, aber sein Herz war voller Freude. Als er nach Hause ging, spielte er all die fantastischen Dinge, die er gesehen und getan hatte, noch einmal nach, stolz auf sein großes Abenteuer.

Als John die Tür seines Hauses öffnete, begrüßte ihn seine Familie mit einem Lächeln und Überraschung. »Du hast heute ein ziemliches Abenteuer erlebt!« rief die Mutter und umarmte ihn herzlich. John grinste von Ohr zu Ohr und erzählte aufgeregt jedes Detail seines Tages, vom königlichen Schloss aus Eichenholz bis zur aufregenden Rutsche im Park.

In dieser Nacht, als John sich mit seinem treuen Teddybären an seiner Seite im Bett zusammenrollte, träumte er immer noch von all den Abenteuern, die auf ihn warteten. Er wusste, dass jeder Tag das Potenzial für neue Entdeckungen in sich birgt, und er freute sich auf morgen. Denn im Herzen eines Fünfjährigen kann sich jeder Tag in ein großes Abenteuer verwandeln, das darauf wartet, sich zu entfalten.

Und so schlief John ein, seine Traumwelt, voller Träume davon, ein Held, ein Ritter, ein Entdecker und vor allem ein tapferer Abenteurer zu werden, die ihn wie eine warme Decke einhüllten.

ENGLISH FOR GERMAN SPEAKERS

5-Jennifer and the Secrets of the Palm Tree Garden

During the day, under the warm sun, Jennifer left her house to go to the palm tree-filled garden near her neighborhood. He had loved this garden since his childhood. The elegant silhouette of palm trees had always given him peace and happiness. When he spent time in the garden, he would dive into his dream world and live out the adventures he wanted.

While wandering among the colorful flowers, Jennifer lost herself in thought. He thought about the distant lands of his dreams and his desire to make new discoveries. However, these peaceful moments were about to end with an unexpected event.

After walking a little further into the garden, he began to feel an uncertainty. When he looked around carefully, he realized that someone was watching him. His heart began to beat rapidly. With his shadow following him, he started to think about what to do. Was there anyone behind me? Or was it just his feelings?

At that moment, someone suddenly approached him from behind. Although Jennifer wanted to turn around and look in surprise, everything suddenly went dark. His eyes closed, and as he fell into a deep void, he heard a call; "I'll take you from here," said the voice of this camouflaged unidentified person, and immediately the surrounding area was covered in darkness.

When he came to, he found himself in a place he did not recognize. He immediately looked around, he wasn't alone here. There were other people, but their faces were blurred. At that moment, he realized how wrong he was. Questions were circulating in his mind: why this situation had happened, by whom and for what purpose.

Jennifer tightly clasped her fingers together and tried to find a solution. He started making plans quickly in his head like a harpoon.

The first thing he had to do was to stay cool without panicking and understand the details of the people and environment around him. Using his mind, he started making escape plans.

He realized that those peaceful moments spent in the garden full of palm trees were long gone. The fact that this place, which he once felt like a green paradise, had now turned into an unknown nightmare reminded him of how changeable life could be. But it was Jennifer; He was courageous, strong and armed with a spirit that would never give up.

Jennifer gathered her courage and decided to fight not to be defeated. Without falling into despair, he calmly began to plan his way to freedom. He had to be patient to get to know the person or people who kidnapped him, to see their weak points, and perhaps to find a way.

This unexpected event started another adventure in Jennifer's life. Certainly being kidnapped, although a difficult experience, would reinforce Jennifer's courage and tenacity that define her. It was time to fight for himself. And nothing could block this young girl's path to freedom.

5- Jennifer und die Geheimnisse des Palmengartens

Tagsüber verließ Jennifer ihr Haus in der heißen Sonne, um in den Garten voller Palmen in der Nähe ihrer Nachbarschaft zu gehen. Seit seiner Kindheit liebte er diesen Garten sehr. Die anmutige Silhouette der Palmen hatte ihm immer Ruhe und Glück gegeben. Wenn Er Zeit im Garten verbrachte, tauchte er in die Welt der Fantasie ein und erlebte die Abenteuer, die er wollte.

Jennifer war in Gedanken versunken, während sie zwischen den bunten Blumen umherwanderte. Er dachte an seinen Traum von fernen Ländern und seinen Wunsch, neue Entdeckungen zu machen. Diese friedlichen Momente sollten jedoch mit einem unerwarteten Ereignis enden.

Nachdem er ein wenig mehr im Garten spazieren gegangen war, begann er eine Unsicherheit zu empfinden. Als er sich vorsichtig umsah, bemerkte er, dass ihn jemand beobachtete. Sein Herz begann schnell zu schlagen. Er begann darüber nachzudenken, was er tun sollte, als sein Schatten ihm folgte. War da jemand hinter mir? Oder waren es nur seine Gefühle?

In diesem Moment kam plötzlich jemand von hinten auf ihn zu. Jennifer wollte sich umdrehen und sie erstaunt ansehen, aber plötzlich wurde alles schwarz. Seine Augen schlossen sich, und als er in eine tiefe Leere fiel, hörte er einen Ruf; Die Stimme dieser Person, deren Identität getarnt war, sagte: "Ich werde dich hier rausholen", und plötzlich war die Umgebung in Dunkelheit gehüllt.

Als er wieder zu sich kam, befand er sich an einem unbekannten Ort. Er schaute sich sofort um, er war nicht allein hier. Es gab noch andere Leute, aber ihre Gesichter waren verschwommen. In diesem Moment wurde ihm klar, wie falsch er lag. Folgende Fragen kreisten in seinem Kopf: Warum, von wem und zu welchem Zweck geschah das?

Jennifer verschränkte ihre Finger fest und versuchte, eine Lösung zu finden. Wie eine Harpune begann er schnell, in seinem Kopf Pläne zu schmieden. Das erste, was er tun musste, war, einen kühlen Kopf zu bewahren, ohne in Panik zu geraten, um die Details der Menschen und der Umgebung um ihn herum zu verstehen. Mit seinem Verstand begann er, Fluchtpläne zu schmieden.

Er erkannte, dass die friedlichen Momente, die er im Garten voller Palmen verbracht hatte, längst vorbei waren. Die Tatsache, dass sich das, was sich einst wie ein üppiges Paradies anfühlte, nun in einen unbekannten Albtraum verwandelt hatte, erinnerte ihn daran, wie unberechenbar das Leben sein kann. Aber das war Jennifer; Er war mutig, stark und mit einem Geist bewaffnet, der niemals aufgeben würde.

Jennifer nahm ihren Mut zusammen und beschloss zu kämpfen, um nicht besiegt zu werden. Ohne Verzweiflung begann er, in aller Ruhe seinen Weg in die Freiheit zu planen. Er musste geduldig sein, um die Person oder die Personen, die ihn entführt haben, kennenzulernen, seine Schwachstellen zu erkennen und vielleicht einen Weg zu finden.

Dieses unerwartete Ereignis markierte den Beginn eines neuen Abenteuers in Jennifers Leben. Sicherlich wird die Entführung Jennifers Mut und Hartnäckigkeit stärken, die sie ausmachen, auch wenn es eine schwierige Erfahrung sein kann. Es war an der Zeit, für ihn zu kämpfen. Und nichts kann dem jungen Mädchen den Weg in die Freiheit aufhalten.

6-The Battle Within: Soldier John's Dreamland War

In the quiet town of Willowbrook, life meandered peacefully, shielded from the chaos of the outside world. Yet, for one man, the stillness was a fleeting comfort. Soldier John, a combat veteran recently returned from overseas duty, had returned home with the weight of the world on his shoulders. As he stepped inside his humble abode, a bittersweet mixture of relief and unease washed over him. The silence of his home felt alien after the cacophony of war, the familiar corners of his room now hosting shadows of memories he wished to forget.

Exhaustion claimed him quickly; he barely had time to glance at the photographs lining the walls before he collapsed onto his bed. The innocence of sleep enveloped him, but the demons of his past would not allow him peace. As he drifted into unconsciousness, the serene quiet of Willowbrook vanished, replaced by the tumultuous landscapes of his dreams.

In his sleep, John found himself back in the heart of the battlefield, where the landscape was marked not by trees and sky but by the ruins of war. The air was thick with smoke, and the ground trembled beneath the weight of distant explosions. He was dressed in his military fatigues, the familiar gear a reminder of the brotherhood and bravery that had brought him to this place. Yet, this dreamscape wielded a cruel twist: it was a realm where time looped, and he was trapped in a perpetual cycle of conflict.

John grasped his weapon tightly as he navigated the chaotic terrain, the sounds of gunfire an ominous symphony that played endlessly in the background. The faces of lost comrades haunted him, their voices echoing in the recesses of his mind. "Stay strong, John," they would urge, but the war waged on, not just in this world but within him as well.

As the dream progressed, John came face to face with his deepest fears: the moments of hesitation that led to collateral damage, the guilt of surviving when others had not. Each confrontation felt like a final battle, a test of his resolve and a reflection of his psyche. The enemies in his dream were not just the opposing forces but also the doubts, grief, and hardship he carried like a shield.

He found himself in situations that felt all too real. Each explosion sent shockwaves through him, yet with every blast, he also felt an inexplicable urge to save those around him, to usher the innocent to safety. He chased shadows through the rubble, trying to pull the fallen from the debris, but the weight of fear gripped him. He couldn't escape the reality that some battles cannot be won, and not every rescue has a happy ending.

But within this chaotic dreamscape, there were sparks of hope. Amidst the carnage, John would occasionally stumble upon moments of camaraderie. He could see the faces of his fellow soldiers, sharing a laugh, exchanging stories under the faint light of a distant campfire. These glimpses reminded him of the strength found in unity, the human spirit's capacity to endure, even against the most daunting odds.

In the depths of this turmoil, John realized that he was not just dreaming of war; he was grappling with the past's shadows and finding a path to healing. Each nightmare was an invitation to confront his fears, a chance to reclaim fragments of his humanity lost in the fray.

As his dream reached its climax, John found himself standing on the battlefield, weapon raised but facing a choice. To fight or to forgive, to remain shackled by the past or to step into the light of a hopeful future. Breathing deeply, he slowly lowered his weapon, letting the weight of it slip from his hands. In that moment, the sound of gunfire faded, replaced by the gentle rustle of trees and the whisper of the wind.

John awoke suddenly, drenched in sweat, heart racing. The familiar surroundings of his home greeted him, a stark contrast to the war-torn dreamscape. Perhaps it was just a dream, a remnant of his experiences, yet it felt transformative. He had faced the ghosts of his past and found a flicker of resolution in the chaos.

As sunlight streamed through the window, illuminating his room, John knew that the journey ahead would be challenging. However, unlike the war in his dreams, this battle was one he could choose to confront freely, a step towards healing and peace. With determination, he resolved to seek help, to share his story, and to support others who had faced similar struggles.

In the quiet moments of his waking life, John began to reconnect with his roots, the warmth of home a solace he had longed for. The war may have taken its toll, but it would not define him. The battlefield was no longer just a place he had visited; it was a chapter in his life that had taught him resilience, empathy, and the vital importance of hope.

For Soldier John, the war on his dreams was a battle he would continue to fight, but slowly, he was starting to win.

6- Der Krieg im Inneren: Soldat Johns Schlacht im Traumland

Das Leben in der ruhigen Stadt Willowbrook verlief friedlich, geschützt vor dem Chaos der Außenwelt. Aber für einen Mann war das Schweigen nur ein vorübergehender Trost. Soldat John, ein Kriegsveteran, der kurz zuvor von seinem Auslandseinsatz zurückgekehrt war, war mit dem Gewicht der Welt auf seinen Schultern nach Hause zurückgekehrt. Als sie ihr bescheidenes Haus betrat, erfüllte sie eine bittersüße Mischung aus Erleichterung und Unbehagen. Nach der Kakophonie des Krieges fühlte sich die Stille seiner Heimat ungewohnt an; In den vertrauten Ecken seines Zimmers lagen nun die Schatten von Erinnerungen, die er vergessen wollte.

Die Müdigkeit überfiel ihn sofort; Er hatte kaum Zeit, sich die Fotos an den Wänden anzusehen, bevor er ins Bett fiel. Die Unschuld des Schlafes umhüllte ihn, aber die Dämonen seiner Vergangenheit ließen ihm keine Ruhe. Als er das Bewusstsein verlor, verschwand Willowbrooks heiteres Schweigen und wurde durch die stürmischen Landschaften seiner Träume ersetzt.

Im Schlaf befand sich John im Herzen des Schlachtfeldes, wo die Landschaft nicht von Bäumen und Himmel, sondern von Überresten des Krieges gezeichnet war. Die Luft war in Rauch gehüllt und der Boden zitterte unter dem Gewicht der fernen Explosionen. Er trug seine militärische Kleidung, eine vertraute Ausrüstung, die ihn an die Brüderlichkeit und den Mut erinnerte, die ihn an diesen Ort gebracht hatten. Aber diese Traumlandschaft hatte eine brutale Wendung: Es war ein Bereich, in dem die Zeit zyklisch war, und auch er steckte in einem ständigen Kreislauf von Konflikten fest.

John hielt seine Waffe fest umklammert, als er sich seinen Weg durch das chaotische Gelände bahnte. Die Schüsse waren eine unheilvolle Symphonie, die endlos im Hintergrund spielte. Die

Gesichter der verlorenen Kameraden verfolgen ihn, ihre Stimmen hallen in den Tiefen seines Geistes wider. "Bleib stark, John", beharrten sie, aber der Krieg tobte nicht nur in dieser Welt, sondern auch in ihr.

Im Laufe des Traums sah sich John mit seinen tiefsten Ängsten konfrontiert: Momente des Zögerns, die zu Kollateralschäden führten, die Schuld, überlebt zu haben, als andere es nicht konnten. Jede Konfrontation war wie eine letzte Schlacht, ein Test seiner Entschlossenheit und ein Spiegelbild seines Geistes. Die Feinde in seinem Traum waren nicht nur gegnerische Kräfte, sondern auch Zweifel, Trauer und Not, die er wie einen Schild in sich trug.

Er fand sich in Situationen wieder, die sich nur allzu real anfühlten. Jede Explosion löste Schockwellen aus, aber mit jeder Explosion verspürte er auch ein unerklärliches Verlangen, die Menschen um ihn herum zu retten, die Unschuldigen in Sicherheit zu bringen. Er jagte Schatten durch die Trümmer, als er versuchte, die Gefallenen unter den Trümmern hervorzuziehen, aber das Gewicht der Angst übermannte ihn. Er konnte sich der Tatsache nicht entziehen, dass manche Schlachten nicht gewonnen werden können und nicht jede Rettung ein Happy End hat.

Aber es gab auch Funken Hoffnung in dieser chaotischen Traumlandschaft. Inmitten des Gemetzels stolperte John gelegentlich über Momente der Freundschaft. Im schwachen Licht eines fernen Lagerfeuers konnte er die Gesichter seiner Kameraden sehen, die das gleiche Lachen teilten und Geschichten erzählten. Diese Blicke erinnerten ihn an die Kraft in der Einheit, an die Fähigkeit des menschlichen Geistes, trotz der härtesten Herausforderungen durchzuhalten.

In den Tiefen dieser Wirren erkannte John, dass er nicht nur vom Krieg träumte; Er kämpfte mit den Schatten der Vergangenheit und fand einen Weg zur Heilung. Jeder Albtraum war eine Einladung, sich ihren Ängsten zu stellen, eine Chance, die Stücke ihrer Menschlichkeit wiederzugewinnen, die sie im Kampf verloren hatte.

Als sich sein Traum zuspitzte, fand sich John auf dem Schlachtfeld wieder, seine Waffe auf ihn gerichtet, aber vor eine Wahl gestellt. Um zu kämpfen oder zu vergeben, um sich an die Vergangenheit zu klammern oder um in das Licht einer hoffnungsvollen Zukunft zu treten. Er atmete tief ein, senkte langsam seine Waffe und ließ ihr Gewicht aus seinen Händen gleiten. In diesem Moment verstummte das Geräusch der Schüsse und wurde durch das leise Rauschen der Bäume und das Flüstern des Windes ersetzt.

John wachte plötzlich auf, schweißgebadet, sein Herz raste. Er wurde von der vertrauten Umgebung seines Hauses begrüßt; Es stand in krassem Kontrast zu der vom Krieg zerrissenen Traumlandschaft. Vielleicht war es nur ein Traum, ein Überbleibsel seiner Erfahrungen, aber es rief dennoch ein transformatives Gefühl hervor. Er hatte sich den Geistern seiner Vergangenheit gestellt und eine vorübergehende Lösung in dem Chaos gefunden.

Als das Sonnenlicht durch das Fenster hereinfiel und sein Zimmer erhellte, wusste John, dass die bevorstehende Reise eine Herausforderung sein würde. Aber im Gegensatz zu dem Krieg, von dem er geträumt hatte, war es ein Krieg, für den er sich frei entscheiden konnte, ein Schritt in Richtung Heilung und Frieden. Sie beschloss, entschlossen Hilfe zu suchen, ihre Geschichte zu teilen und andere zu unterstützen, die vor ähnlichen Herausforderungen stehen.

In den ruhigen Momenten seines wachen Lebens begann John, sich wieder mit seinen Wurzeln zu verbinden; Die Wärme des Hauses, nach dem er sich sehnte, war ein Trost. Der Krieg mag ihn verletzt haben, aber er definiert ihn nicht. Das Schlachtfeld war nicht mehr nur ein Ort, den er besuchte; Es war ein Teil seines Lebens, der ihn Widerstandsfähigkeit, Empathie und die lebenswichtige Bedeutung von Hoffnung lehrte.

Für Soldier John war es sein Traumkrieg, den er weiterführen würde, aber er begann langsam zu gewinnen.

7-Alisa's Marvelous Maritime Adventure

At just 12 years old, Alisa embarked on the voyage of her life aboard a magnificent cruise ship, sailing across vibrant waters and exploring a world of wonder. His heart is filled with excitement and his eyes shine with curiosity as he wanders into the uncharted territories of marine life. This isn't just a holiday for Alisa; An adventure that will shape your perspective, feed your imagination, and create memories that will last a lifetime.

Chapter 1 Setting Sail: The Beginning of the Adventure

Alisa steps onto the cruise ship, his senses immediately bombarded with the sight of swaying palm trees and the sound of crashing waves. The grand vessel towers over him, adorned with colorful flags fluttering in the breeze. As he explores the ship, Alisa can hardly contain his enthusiasm. The gleaming pools, rock climbing walls, and endless decks offer an array of activities that seem to promise adventure around every corner.

On the very first day, Alisa meets fellow young travelers from around the globe. They exchange stories, laughs, and the thrill of anticipation for the adventures that lie ahead. The camaraderie formed among them soon transforms into a bond, as they share the joy of exploring together. Whether it's soaking in the sun by the pool or participating in animated treasure hunts organized by the ship's crew, Alisa revels in the excitement of new friendships and shared experiences.

Chapter 2 Discovering New Horizons: Port Stops and Shore Excursions

Every port the ship docks at unveils a new chapter in Alisa's adventure. As he steps off the ship onto the shores of a tropical paradise, his excitement is palpable. The scent of salty air and exotic spices fills his lungs, drawing him into the vibrant local culture. Alisa eagerly participates in excursions that range from snorkeling in crystal-clear waters, where he encounters colorful fish darting among coral reefs, to hiking through lush rainforests, where the sounds of nature create a symphony of tranquility.

In each destination, Alisa is keen to immerse himself in the rich history and traditions of the places he visits. He learns to create local crafts, tasting new dishes and dancing to traditional music. With every experience, he not only gains knowledge but also a deeper appreciation for the diversity of the world and its cultures.

Chapter 3 Embracing the Spirit of Adventure: Challenges and Triumphs

Of course, every adventure comes with its challenges. Alisa faces moments of uncertainty, whether it's conquering his fear while trying out activities like zip-lining or overcoming seasickness during a particularly rough night at sea. However, he discovers that adventure is not merely defined by the thrill of excitement but also by the courage to face fears and the resilience to bounce back.

With the guidance of the ship's crew and the support of his newfound friends, Alisa learns that challenges are a part of the adventure. Through these experiences, he cultivates a sense of bravery and determination that will serve him well beyond his maritime journey.

Chapter4 Reflections on the Journey: Growth and Transformation

As the cruise draws to a close, Alisa reflects on his remarkable journey. He has sailed through breathtaking sunsets, danced beneath twinkling stars on the deck, and engaged in conversations that have broadened his horizons. The vibrant memories of laughter, friendship, and exploration intertwine in his mind, creating a tapestry of experiences that have enriched his young life.

With a newfound sense of independence and confidence, Alisa understands that this adventure has not only provided him with enjoyment but has also nurtured personal growth. He dreams of future travels, motivated to explore even more parts of the world.

Chapter 5 Conclusion: The Call of Adventure

At just 12 years old, Alisa's adventure aboard the cruise ship has become a significant milestone in his young life. It serves as a reminder of the importance of exploration, friendship, and embracing every moment that comes our way. Alisa may be heading home, but the spirit of adventure will undoubtedly remain with him, forever igniting his curiosity for the vast, beautiful world that awaits beyond the horizon. As he sails back to reality, he carries with him not only the stories of his adventure but also a heart filled with wonder and excitement for the future.

7- Alisas erstaunliches Meeresabenteuer

Im Alter von nur 12 Jahren begab sich Alisa auf die Reise ihres Lebens, segelte auf einem prächtigen Kreuzfahrtschiff durch die geschäftigen Gewässer und erkundete eine Welt voller Wunder. Sein Herz ist voller Aufregung und seine Augen funkeln vor Neugierde, während er durch die unerforschten Gebiete der Unterwasserwelt wandert. Dies ist nicht nur ein Urlaub für Alisa; Ein Abenteuer, das Ihre Perspektive prägen, Ihre Fantasie beflügeln und Erinnerungen schaffen wird, die ein Leben lang halten.

Kapitel 1 Segeln: Der Beginn des Abenteuers

Alisa betritt das Kreuzfahrtschiff, ihre Sinne werden sofort vom Anblick der sich wiegenden Palmen und dem Geräusch der brechenden Wellen bombardiert. Über ihm erhebt sich das große Schiff, das mit bunten Fahnen geschmückt ist, die im Wind wehen. Alisa kann ihre Aufregung kaum zurückhalten, als sie das Schiff erkundet. Glitzernde Pools, Kletterwände und weitläufige Terrassen bieten eine Reihe von Aktivitäten, die hinter jeder Ecke Abenteuer zu versprechen scheinen.

An ihrem ersten Tag lernt Alisa junge Reisende aus der ganzen Welt kennen. Sie erzählen Geschichten, lachen und fiebern vor den Abenteuern, die vor ihnen liegen. Die Freundschaft, die zwischen den beiden entsteht, verwandelt sich bald in ein Band, das die Freude am gemeinsamen Erkunden teilt. Ob beim Sonnenbaden am Pool oder bei der Teilnahme an animierten Schatzsuchen, die von der Schiffsbesatzung organisiert werden, Alisa genießt den Nervenkitzel neuer Freundschaften und gemeinsamer Erlebnisse.

Kapitel 2 Neue Horizonte erkunden: Hafenstopps und Landrundfahrten

Jeder Hafen, in dem das Schiff anlegt, ebnet den Weg für ein neues Kapitel in Alisas Abenteuer. Seine Aufregung ist spürbar, als er vom Schiff an die Küste eines tropischen Paradieses tritt. Der Geruch von salziger Luft und exotischen Gewürzen füllt seine Lungen und zieht ihn in die lebendige lokale Kultur hinein. Alisa nimmt eifrig an Ausflügen teil, die vom Schnorcheln im kristallklaren Wasser reichen, wo sie bunte Fische trifft, die zwischen den Korallenriffen umherflitzen, bis hin zu Wanderungen durch den üppigen Regenwald, wo die Klänge der Natur eine Symphonie der Ruhe erzeugen.

Alisa ist bestrebt, in die reiche Geschichte und die Traditionen der Orte einzutauchen, die sie an jedem Reiseziel besucht. Sie lernt, lokales Kunsthandwerk zu kreieren, neue Gerichte zu probieren und zu traditioneller Musik zu tanzen. Mit jeder Erfahrung gewinnt er nicht nur an Wissen, sondern auch an einer tieferen Wertschätzung für die Vielfalt der Welt und ihrer Kulturen.

Kapitel 3 Den Geist des Abenteuers umarmen: Herausforderungen und Triumphe

Natürlich bringt jedes Abenteuer seine eigenen Herausforderungen mit sich. Alisa erlebt Momente der Unsicherheit, wenn sie Aktivitäten wie Ziplining ausprobiert, sei es, um ihre Angst zu überwinden oder die Seekrankheit in einer besonders schwierigen Nacht auf See zu überwinden. Aber er entdeckt, dass Abenteuer nicht nur durch den Nervenkitzel des Nervenkitzels definiert werden, sondern auch durch den Mut, sich Ängsten zu stellen, und die Widerstandsfähigkeit, umzukehren.

Unter Anleitung der Schiffsbesatzung und der Unterstützung ihrer neu gefundenen Freunde lernt Alisa, dass Widrigkeiten Teil des Abenteuers sind. Durch diese Erfahrungen entwickelt er ein Gefühl von Mut und Entschlossenheit, das ihm weit über seine Seereise hinaus zugute kommen wird.

Kapitel 4 Reflexionen über die Reise: Wachstum und Transformation

Als sich die Reise dem Ende zuneigt, denkt Alisa über ihre außergewöhnliche Reise nach. Sie segelte atemberaubende Sonnenuntergänge, tanzte auf dem Deck unter funkelnden Sternen und nahm an Gesprächen teil, die ihren Horizont erweiterten. Lebhafte Erinnerungen an Lachen, Freundschaft und Entdeckungen verflechten sich in seinem Kopf und schaffen eine Textur von Erfahrungen, die sein junges Leben bereichern.

Mit ihrem neu gewonnenen Gefühl der Unabhängigkeit und des Selbstvertrauens versteht Alisa, dass dieses Abenteuer nicht nur ihr Freude bereitet, sondern auch ihr persönliches Wachstum antreibt. Er träumt von zukünftigen Reisen mit der Motivation, noch mehr Orte auf der ganzen Welt zu erkunden.

Kapitel 5 Fazit: Der Ruf des Abenteuers

Im Alter von nur 12 Jahren wurde Alisas Abenteuer auf einem Kreuzfahrtschiff zu einem wichtigen Wendepunkt in ihrer Jugend. Es ist eine Erinnerung daran, wie wichtig es ist, Entdeckungen, Freundschaft zu schließen und jeden Moment zu umarmen, der auf uns zukommt. Alisa macht sich zwar auf den Weg nach Hause, aber der Abenteuergeist wird zweifellos bei ihr bleiben und ihre Neugier auf die weite, schöne Welt, die hinter dem Horizont wartet, für immer entfachen. Als er in die Realität segelt, trägt er nicht nur die Geschichten seines Abenteuers mit sich, sondern auch ein Herz voller Wunder und Aufregung für die Zukunft.

8- A Parisian Love Story

In a city renowned for romance, where every cobblestone street whispers tales of love, Mary and Andy found their forever in the heart of Paris. Their serendipitous meeting beneath the iconic Eiffel Tower marked the beginning of a beautiful journey that would lead them to the altar.

Chapter 1 A Chance Encounter

It was a crisp autumn afternoon when Mary, a spirited artist from New York, traveled to Paris for inspiration. She wandered through the streets, her sketchbook in hand, capturing the essence of the city that had long been on her bucket list. Meanwhile, Andy, an aspiring writer from Toronto, was in Paris to explore his passion for literature and culture.

Their paths crossed on that fateful day as they both paused to admire the breathtaking view from the Trocadéro Gardens. As their eyes met, an electric connection sparked between them. Laughter filled the air as they struck up a conversation, discovering mutual interests in art, literature, and a shared dream of living life to the fullest.

Chapter 2 A Love Blossoms

As the days passed, Mary and Andy explored the enchanting city together. From leisurely strolls along the Seine River to cozy evenings in quaint cafés, their bond deepened with each shared experience. They visited the Louvre, marveled at the vibrant artworks, and exchanged stories that revealed their hopes and dreams.

Their love was as vibrant as the colors of the fall leaves in the Jardin des Tuileries. They spent long nights discussing their aspirations, aspirations that intertwined as seamlessly as their fingers while they strolled the charming streets of Montmartre. Underneath the twinkling Parisian sky, they began to realize that what they had was more than just a holiday romance—it was something extraordinary.

Chapter 3 The Proposal

A few months later, as they celebrated their six-month anniversary in the very spot where they first met, Andy took a deep breath. With the Eiffel Tower lighting up the night behind them, he knelt down, producing a beautifully crafted ring. Though the bustling city thrummed around them, time seemed to freeze as he asked Mary to be his partner in life.

Tears of joy filled Mary's eyes as she said yes, embracing the love that had blossomed in a city famous for its romance. Friends and family would later gather to witness their union, thankful to be part of a love story that had its roots in the City of Light.

Chapter 4 A Dream Wedding

The couple married in a charming Parisian chapel, surrounded by blossoming roses and the sweet scent of fresh bread from the nearby boulangerie. Their guests, a mix of family and friends from both sides of the ocean, celebrated the couple's unique journey filled with laughter, art, and love under a canopy of fairy lights.

Mary wore a stunning lace gown that perfectly captured her artistic flair, while Andy looked dapper in a classic suit, his eyes shining with love. The ceremony was simple yet profound, as they exchanged vows that reflected their commitment to support each other's dreams and aspirations.

Chapter 5 A New Chapter

After the wedding, Mary and Andy decided to split their time between New York, where Mary could devote herself to her artwork, and Toronto, where Andy could continue pursuing his writing. They had discovered that love is not just about being together but also about nurturing each other's passions and dreams.

As they look back on their whirlwind romance that began in Paris, Mary and Andy cherish the memories they created together in the city that brought them together. Their love story is a testament to the magic of fate, the beauty of connection, and the incredible adventures that await when you open your heart to the possibilities of love.

From their chance meeting under the Parisian sky to their dream wedding, Mary and Andy have embarked on a journey that is just beginning. In a world of uncertainty, they have found certainty in one another—a reminder that love can be both a journey and a destination, especially when it begins in the heart of Paris.

8-Eine Pariser Liebesgeschichte

In einer Stadt, die für ihre Romantik berühmt ist und in der jede Kopfsteinpflasterstraße Liebesgeschichten flüstert, fanden sich Mary und Andy für immer im Herzen von Paris wieder. Ihre zufällige Begegnung unter dem berühmten Eiffelturm markierte den Beginn einer wunderschönen Reise, die sie zum Altar führen sollte.

Kapitel 1: Eine zufällige Begegnung

Es war ein kühler Herbstnachmittag, als Mary, eine Live-Künstlerin aus New York, nach Paris reiste, um sich inspirieren zu lassen. Mit einem Skizzenbuch in der Hand streifte er durch die Straßen und hielt das Wesen der Stadt fest, das schon lange auf seiner Bucket List stand. In der Zwischenzeit war Andy, ein aufstrebender Schriftsteller aus Toronto, in Paris, um seiner Leidenschaft für Literatur und Kultur nachzugehen.

An jenem schicksalhaften Tag kreuzten sich ihre Wege; Beide hielten an, um den atemberaubenden Blick auf die Trocadéro-Gärten zu bewundern. Als sich ihre Blicke trafen, bildete sich eine elektrische Verbindung zwischen ihnen. Gelächter lag in der Luft, als er das Gespräch begann, indem er seine gemeinsamen Interessen an Kunst und Literatur und seinen Traum, das Leben in vollen Zügen zu leben, erkundete.

Kapitel 2: Blumen der Liebe

Im Laufe der Tage erkundeten Mary und Andy gemeinsam die faszinierende Stadt. Von gemütlichen Spaziergängen entlang der Seine bis hin zu gemütlichen Abenden in malerischen Cafés vertiefte sich ihre Bindung mit jedem gemeinsamen Erlebnis. Sie besuchten den Louvre, bestaunten die lebendigen Kunstwerke und erzählten sich gegenseitig Geschichten, die ihre Hoffnungen und Träume offenbarten.

Ihre Liebe war so lebendig wie die Farben des Herbstlaubs im Jardin des Tuileries. Während sie durch die reizenden Straßen von

Montmartre schlenderten, verbrachten sie lange Nächte damit, über ihre Sehnsüchte zu sprechen, über ihre Sehnsüchte, die so perfekt miteinander verflochten waren wie ihre Finger. Unter dem schimmernden Pariser Himmel begannen sie zu begreifen, dass das, was sie hatten, viel mehr war als eine Urlaubsliebe; Es war etwas Außergewöhnliches.

Kapitel 3 Vorschlag

Ein paar Monate später, als sie ihren sechsten Monat an dem Ort feierten, an dem sie sich kennengelernt hatten, atmete Andy tief durch. Er kniete nieder, während der Eiffelturm hinter ihnen die Nacht erleuchtete und einen wunderschön bestickten Ring hervorbrachte. Obwohl die überfüllte Stadt um sie herum brummte, war es, als ob die Zeit stehen geblieben wäre, als Er Mary bat, seine Lebensgefährtin zu sein.

Marys Augen füllten sich mit Freudentränen, als sie die Liebe umarmte, die in einer Stadt erblühte, die für ihre Romantik berühmt ist. Freunde und Familie kamen dann zusammen und wurden Zeuge, wie sie sich vereinten, dankbar, Teil einer Liebesgeschichte zu sein, die in der Stadt des Lichts verwurzelt ist.

Kapitel 4: Eine Traumhochzeit

Das Paar heiratete in einer charmanten Pariser Kapelle, umgeben von blühenden Rosen und dem süßen Duft von frischem Brot aus der nahe gelegenen Boulangerie. Die Gäste, die sich aus Familie und Freunden von beiden Seiten des Ozeans zusammensetzten, feierten die einzigartige Reise des Paares voller Lachen, Kunst und Liebe unter einem Schirm von Lichterketten.

Mary trug ein atemberaubendes Spitzenkleid, das ihr künstlerisches Talent perfekt widerspiegelte, während Andy in einem klassischen Anzug stilvoll aussah und ihre Augen vor Liebe funkelten. Die Zeremonie war einfach, aber tiefgründig, da sie Gelübde ablegten, die ihr Engagement widerspiegelten, die Träume und Bestrebungen des anderen zu unterstützen.

Kapitel 5: Ein neues Kapitel

Nach der Hochzeit beschlossen Mary und Andy, ihre Zeit zwischen New York, wo Mary sich ihrer Kunst widmen konnte, und Toronto, wo Andy weiterhin schreiben konnte, aufzuteilen. Sie hatten entdeckt, dass es in der Liebe nicht nur darum geht, zusammen zu sein, sondern auch darum, die Leidenschaften und Träume des anderen zu nähren.

Wenn Mary und Andy auf ihre stürmische Romanze zurückblicken, die in Paris begann, schätzen sie die Erinnerungen, die sie zusammen in der Stadt gemacht haben, die sie zusammengebracht hat. Ihre Liebesgeschichte ist ein Zeugnis für die Magie des Schicksals, die Schönheit der Verbindung und die unglaublichen Abenteuer, die dich erwarten, wenn du dein Herz für die Möglichkeiten der Liebe öffnest.

Mary und Andy begaben sich auf eine Reise, die gerade erst begonnen hatte, von ihrem zufälligen Treffen unter dem Pariser Himmel bis zu ihrer Traumhochzeit. In einer Welt voller Ungewissheit haben sie voneinander Gewissheit gefunden; Es ist eine Erinnerung daran, dass Liebe sowohl eine Reise als auch ein Ziel sein kann, besonders wenn sie im Herzen von Paris beginnt.

9- A Sweet Disaster: The Wedding Cake Catastrophe

As the sun began to set on a picturesque Saturday, the air was alive with excitement and laughter. The venue was beautifully decorated, flowers adorned every table, and guests were arriving in their finest attire, ready to celebrate a union of love. However, lurking in the shadows of this joyous occasion was a disaster waiting to unfold – one that would test the resilience and creativity of a talented chef.

Chef Marianne, renowned for her exquisite creations and meticulous attention to detail, had been hard at work for days preparing the pièce de résistance for the wedding: a stunning three-tiered cake, adorned with delicate sugar flowers and intricate piping. She poured her heart and soul into each layer, ensuring the cake was not only a feast for the eyes but also a delight to the palate. As the clock ticked closer to the wedding ceremony, Chef Marianne arrived at the venue, confident that all her efforts would be rewarded with smiles and happy memories.

Unbeknownst to her, in a corner of that very same kitchen, a curious little child named Ethan was about to embark on an adventure of his own. With wide eyes and an innocent grin, Ethan had been fascinated by the kitchen's bustling atmosphere, wanting to see what all the fuss was about. As the wedding approached, he managed to sneak away from the watchful eyes of adults, venturing into the heart of the kitchen where delectable aromas filled the air.

His gaze fell upon the grand wedding cake – a towering masterpiece – and in that moment, curiosity got the best of him. Little Ethan, with his innocent yet mischievous nature, could not resist the urge to touch the cake. In a split second, he reached forward and, with one unexpected shove, the cake teetered and collapsed, a cascade of frosting and sponge splattering across the pristine kitchen floor.

Chef Marianne, in the final moments of preparation, heard a collective gasp from the kitchen staff. She turned around to find her heart racing, devastated by what she saw. The cake that she had meticulously crafted was now a pile of treacherous rubble. Time stood still as chaos erupted in the kitchen. Gasps, cries of disbelief, and hurried footsteps filled the air as they realized the gravity of the situation. The wedding wasn't just any wedding; it was a celebration of love, and without a cake, the festivities would be tarnished.

As she stared at the remnants of her creation, Marianne felt a surge of panic. There was no time left. The wedding ceremony had already begun, and guests were eagerly awaiting the moment when the cake would make its grand entrance. With every passing second, the weight of expectation pressed down on her.

Yet, amid the chaos, Chef Marianne's experience kicked in. She took a deep breath, and with determination etched on her face, she rallied her kitchen team. "We can't let this ruin the day!" she exclaimed. "We need to create something, anything, to make this right!"

In a flurry of action, the team sprang into gear. They rummaged through the pantry, pulling out ingredients: flour, sugar, eggs, and butter. With a sense of urgency, Chef Marianne began knocking out a simple yet delicious sponge cake, while her team whipped up frosting and fruit for decoration. Meanwhile, other staff members worked quickly to clean up the remnants of the fallen cake, clearing the way for a new creation.

As the clock ticked on, the scent of baking cake began to fill the kitchen once again. Though the new cake wouldn't be as grand or intricate as the original, its creation was infused with love and teamwork. In less than an hour, Chef Marianne and her team presented a charming, rustic cake adorned with fresh berries and a simple but heartfelt message that read, "Love is Sweet."

When the newlyweds were finally presented with the cake, the guests erupted in applause, appreciating the spirit of resilience that defined the day. It may not have been the extravagant confection they expected, but it represented something far more important: adaptability, courage, and the joy of coming together in times of crisis.

As the couple cut the cake, laughter and cheers replaced the initial panic, proving that sometimes, life's unexpected occurrences can be transformed into beautiful, unforgettable memories. Chef Marianne smiled, knowing that while her original plans had crumbled, the essence of the celebration remained intact, uniting everyone through the undeniable sweetness of love – and cake.

9- Ein süßes Desaster: Das Hochzeitstorten-Desaster

Als die Sonne an einem schönen Samstag unterging, war die Luft voller Aufregung und Lachen. Der Ort war wunderschön geschmückt, jeder Tisch war mit Blumen geschmückt, und die Gäste kamen in ihren besten Kleidern, bereit, die Vereinigung der Liebe zu feiern. Doch im Schatten dieses freudigen Ereignisses wartete eine Katastrophe, die Ausdauer und Kreativität eines talentierten Kochs auf die Probe stellen sollte.

Bekannt für ihre exquisiten Kreationen und ihre Liebe zum Detail, arbeitete Küchenchefin Marianne tagelang hart, um das beste Stück für die Hochzeit zuzubereiten: eine glamouröse dreistöckige Torte, die mit zarten Zuckerblumen und komplizierten Bändern verziert ist. Er steckte sein Herzblut in jede Schicht und sorgte dafür, dass der Kuchen nicht nur das Auge, sondern auch den Gaumen ansprach. Als sich die Uhr der Hochzeitszeremonie näherte, kam Chefköchin Marianne am Veranstaltungsort an und war zuversichtlich, dass all ihre Bemühungen mit einem Lächeln und glücklichen Erinnerungen belohnt werden würden.

In einer Ecke der gleichen Küche stand ein neugieriger kleiner Junge namens Ethan, ohne dass er es wusste, kurz davor, sein eigenes Abenteuer zu beginnen. Ethan, mit seinen großen Augen und einem unschuldigen Lächeln, war beeindruckt von der geschäftigen Atmosphäre in der Küche und wollte den Grund für die Aufregung sehen. Als die Hochzeit näher rückte, gelang es ihr, den wachsamen Blicken der Erwachsenen zu entkommen und in das Herz der Küche zu gelangen, wo exquisite Düfte die Luft erfüllten.

Sein Blick fiel auf die große Hochzeitstorte, ein großes Meisterwerk, und in diesem Augenblick überkam ihn seine Neugierde. Der kleine Ethan mit seiner unschuldigen, aber schelmischen Art konnte dem Drang nicht widerstehen, den Kuchen zu berühren. Innerhalb einer Sekunde griff er nach vorne, und mit einem unerwarteten Stoß schwankte der Kuchen und brach zusammen, eine Kaskade aus Sahne und Biskuit spritzte über den makellosen Küchenboden.

In den letzten Momenten der Zubereitung hörte Chefköchin Marianne ein kollektives Keuchen des Küchenpersonals. Als er sich umdrehte, sah er, wie sein Herz bei dem, was er sah, raste. Der Kuchen, den er akribisch vorbereitet hatte, hatte sich nun in einen tückischen Trümmerhaufen verwandelt. Die Zeit stand still, als in der Küche Chaos ausbrach. Als sie den Ernst der Lage erkannten, erfüllten Keuchen, ungläubige Schreie und hastige Schritte die Luft. Die Hochzeit war keine gewöhnliche Hochzeit; Es war ein Fest der Liebe, und ohne den Kuchen wären die Feierlichkeiten getrübt.

Marianne geriet in Panik, als sie die Überreste ihrer Arbeit betrachtete. Es blieb keine Zeit mehr. Die Trauung hatte bereits begonnen, und die Gäste warteten gespannt auf den Moment, in dem die Torte ihren großen Auftritt haben würde. Mit jeder Sekunde, die verging, lastete die Last der Vorfreude auf ihm.

Aber inmitten des Chaos kam die Erfahrung von Chefköchin Marianne ins Spiel. Er atmete tief durch und versammelte das Küchenteam mit Entschlossenheit, die ihm ins Gesicht geschrieben stand. "Wir dürfen nicht zulassen, dass das den Tag ruiniert!", rief er aus. "Um das richtig zu machen, müssen wir etwas schaffen, irgendetwas!"

Mit großer Begeisterung machten sich die Teams an die Arbeit. Sie durchwühlten die Speisekammer und holten die Zutaten heraus: Mehl, Zucker, Eier und Butter. Während ihr Team Sahne und Obst für die Dekoration vorbereitete, begann Chefköchin Marianne mit einem Gefühl der Dringlichkeit mit der Zubereitung eines einfachen, aber köstlichen Biskuitkuchens. In der Zwischenzeit arbeiteten auch andere

Mitarbeiter schnell daran, die Reste des heruntergefallenen Kuchens zu beseitigen und so den Weg für eine neue Kreation zu ebnen.

Im Laufe der Stunde begann wieder der Duft von Kuchen die Küche zu erfüllen. Die neue Torte war zwar nicht so üppig oder kompliziert wie das Original, aber ihre Kreation war voller Liebe und Teamarbeit. In weniger als einer Stunde lieferten Chefköchin Marianne und ihr Team einen charmanten, rustikalen Kuchen mit frischem Obst und einer einfachen, aber herzlichen Botschaft, die lautete: "Liebe ist süß".

Als dem Brautpaar endlich ein Kuchen serviert wurde, brachen die Gäste in Applaus aus und schätzten den Geist der Widerstandsfähigkeit, der den Tag prägte. Es war vielleicht nicht das extravagante Nickerchen, das sie erwartet hatten, aber es repräsentierte etwas viel Wichtigeres: die Fähigkeit, sich anzupassen, Mut und die Freude, in Krisenzeiten zusammenzukommen.

Als das Paar die Torte anschnitt, wurde die anfängliche Panik durch Lachen und Jubel ersetzt. Dies bewies, dass sich manchmal unerwartete Ereignisse im Leben in schöne, unvergessliche Erinnerungen verwandeln können. Chefköchin Marianne lächelte, wohl wissend, dass die Essenz der Feier trotz des Scheiterns ihrer ursprünglichen Pläne intakt blieb und alle mit der unbestreitbaren Süße der Liebe und des Kuchens zusammenbrachte.

10- A Tale of Sacrifice: The Poor Man and His Quest for a Necklace

In a small village where the sun rose with a golden hue, lived a humble man named Arjun. He was known for his hardworking spirit and dedication to his family. Every day, he toiled in the fields, often from dawn till dusk, earning just enough to meet the basic needs of his wife, Mira, and their two small children. Despite their struggles, love thrived in their modest home, illuminated by shared laughter and dreams of a brighter future.

As the vibrant festival of Dashain approached, a time celebrated for its rich traditions and the bonds of love, Arjun found himself engulfed in a deep longing. He wished to give Mira a special gift, one that would make her feel cherished and adored. He recalled the last Dashain, when he had been unable to afford even a single flower for her. This year, he wanted to do something different; he wanted to buy her a beautiful necklace, something that would symbolize his love, appreciation, and unwavering commitment.

However, as the days passed, reality struck. The meager wages he earned were not nearly enough to afford the exquisite necklace he envisioned. Desperate to see a smile on his beloved wife's face, he decided to approach the king, who was known for his kindness and willingness to help those in need.

The kingdom was an opulent place, filled with grand palaces and bustling markets. Arjun, with hope in his heart, made his way to the king's palace. Upon arriving, he was awe-struck by the beauty surrounding him – the intricately designed buildings, the lush gardens, and the golden decorations that adorned the hallways.

After much waiting, Arjun was granted an audience with the king, a wise and benevolent ruler. The king listened intently as Arjun explained his situation. "Your Majesty," Arjun began, his voice shaky yet resolute, "I am but a poor farmer, yet my heart is rich with love for my wife. As Dashain approaches, I wish to gift her a necklace, a simple token of my affection. But I lack the means to purchase it."

The king, touched by Arjun's sincerity and devotion, pondered for a moment. He admired the man's courage to ask for help, and in that instant, he saw not just a poor farmer, but a devoted husband desperate to bring joy to his wife's life. "Arjun," the king said, his voice warm and encouraging, "love is a treasure greater than any piece of jewelry. While I can grant you the means to buy the necklace, I wish to offer something more."

With a wave of his hand, the king summoned his advisors. He instructed them to prepare a small plot of land for Arjun and to provide him with the seeds and resources necessary to cultivate it. "Work this land," the king said, "and grow not just crops but also your fortune. When the time is right, with the bounty you reap, you will be able to afford a necklace and so much more, all earned through your own hard work."

Arjun's heart swelled with gratitude. He had entered the palace seeking a mere necklace for his wife, but he was gifted an opportunity to change his life. The king's generosity would allow him to build a better future for his family.

In the months that followed, Arjun tended to the land with relentless determination. He poured his heart and soul into nurturing the crops, waking up early and laboring late into the evening. As the harvest season approached, the once barren plot transformed into a sea of golden grains, a testament to his labor and perseverance.

With the fruits of his hard work, Arjun was not only able to buy the beautiful necklace for Mira but also provide a more comfortable life for his family. When he presented the necklace to her, her eyes sparkled with joy, the ultimate reflection of his love. Their humble home was filled with laughter and warmth, and the spirit of Dashain resonated deeply in their hearts.

Arjun learned that while material possessions bring temporary happiness, love, kindness, and the willingness to work towards a better future hold the true essence of joy. And as he gazed at Mira, wearing the necklace he had envisioned, he realized that the journey of sacrifice and hard work was the greatest gift of all.

In this tale of sacrifice and devotion, we are reminded that in life, it is not just the destination that matters but also the journey. Sometimes, in seeking something for ourselves or for our loved ones, we are unexpectedly bestowed with something far greater – the chance to create a life of meaning, purpose, and love.

10- Eine Opfergeschichte: Der arme Mann und seine Suche nach der Halskette

In einem kleinen Dorf, in dem die Sonne golden aufging, lebte ein bescheidener Mann namens Arjun. Er war bekannt für seine harte Arbeit und seine Hingabe an seine Familie. Er arbeitete jeden Tag auf den Feldern, meist von morgens bis abends, und verdiente genug Geld, um für die Grundbedürfnisse seiner Frau Mira und ihrer beiden kleinen Kinder zu sorgen. Trotz ihrer Schwierigkeiten blühte die Liebe in ihrem bescheidenen Zuhause, erleuchtet von gemeinsamem Lachen und Träumen von einer besseren Zukunft.

Als das pulsierende Dashain-Fest, das mit seinen reichen Traditionen und Liebesbanden gefeiert wird, näher rückte, verspürte Arjun eine tiefe Sehnsucht. Er wollte Mira ein besonderes Geschenk machen, das ihr das Gefühl geben würde, geliebt und geliebt zu werden. Sie erinnerte sich an das letzte Dashain, als sie sich keine einzige Blume leisten konnte. Dieses Jahr wollte er etwas anderes machen; Sie wollte ihm eine wunderschöne Halskette kaufen, die seine Liebe, Wertschätzung und unerschütterliche Hingabe symbolisieren sollte.

Doch im Laufe der Tage kam die Wahrheit ans Licht. Das wenige Gehalt, das sie verdiente, reichte nicht aus, um sich die prächtige Halskette zu kaufen, von der sie träumte. Als er das Lächeln auf dem Gesicht seiner geliebten Frau sah, beschloss er verzweifelt, sich dem König zu nähern, der für seine Freundlichkeit und Bereitschaft, den Bedürftigen zu helfen, bekannt war.

Das Königreich war ein reicher Ort mit seinen großen Palästen und geschäftigen Märkten. Mit Hoffnung im Herzen machte sich Arjun auf den Weg zum Palast des Königs. Als er dort ankam, war er überwältigt von der Schönheit, die ihn umgab. Aufwendig gestaltete

Gebäude, üppige Gärten und goldene Dekorationen, die die Korridore schmücken.

Nach langem Warten erhielt Arjun das Recht, den König zu treffen, einen weisen und wohlwollenden Herrscher. Der König hörte aufmerksam zu, als Arjun seine Situation erklärte. "Eure Majestät", begann Arjun mit zittriger, aber entschlossener Stimme, "ich bin nur ein armer Bauer, aber mein Herz ist reich an Liebe zu meiner Frau. Als Dashain sich nähert, möchte ich ihr eine Halskette schenken, die ein einfaches Symbol meiner Liebe ist. Aber ich habe nicht die Mittel, um es zu kaufen."

Beeindruckt von Arjuns Aufrichtigkeit und Hingabe dachte der König einen Moment nach. Sie bewunderte den Mut des Mannes, um Hilfe zu bitten, und in diesem Augenblick sah er nicht nur einen armen Bauern, sondern auch einen treuen Gatten, der verzweifelt versuchte, Freude in das Leben seiner Frau zu bringen. "Arjun", sagte der König mit warmer und ermutigender Stimme, "Liebe ist ein Schatz, der größer ist als jedes Schmuckstück. Obwohl ich Ihnen die Möglichkeit geben kann, die Halskette zu kaufen, würde ich gerne mehr anbieten."

Der König winkte mit der Hand und rief seine Berater herbei. Er wies sie an, ein kleines Stück Land für Arjun vorzubereiten und das notwendige Saatgut und die Ressourcen für den Anbau bereitzustellen. "Bearbeite dieses Land", sprach der König, "und baue nicht nur Getreide an, sondern vermehre auch deinen Reichtum. Wenn die Zeit gekommen ist, können Sie mit dem Preis, den Sie gewinnen, eine Halskette haben, die Sie sich dank Ihrer eigenen harten Arbeit verdient haben, und vieles mehr.

Arjuns Herz war von Dankbarkeit erfüllt. Er war nur in den Palast gekommen, um eine Halskette für seine Frau zu kaufen, aber ihm wurde die Möglichkeit gegeben, sein Leben zu ändern. Die Großzügigkeit des Königs würde es ihm ermöglichen, eine bessere Zukunft für seine Familie aufzubauen.

In den folgenden Monaten kümmerte sich Arjun mit unerbittlicher Entschlossenheit um das Land. Er widmete sich mit Leib und Seele dem Anbau der Feldfrüchte, stand früh auf und arbeitete bis spät in den Abend. Als die Erntezeit näher rückte, verwandelte sich das einst karge Land in ein Meer aus goldenen Körnern als Zeugnis seiner harten Arbeit und Ausdauer.

Mit den Früchten seiner harten Arbeit war Arjun in der Lage, Mira eine wunderschöne Halskette zu kaufen und ihrer Familie ein komfortableres Leben zu ermöglichen. Als er ihr die Halskette überreichte, leuchteten ihre Augen vor Freude, das ultimative Spiegelbild seiner Liebe. Ihr bescheidenes Zuhause war von Lachen und Wärme erfüllt, und Dashains Geist hallte tief in ihren Herzen wider.

Arjun lernte, dass materieller Besitz zwar vorübergehendes Glück bringt, Liebe, Güte und die Bereitschaft, für eine bessere Zukunft zu arbeiten, aber die wahre Essenz des Glücks in sich tragen. Und als sie Mira ansah, die Halskette trug, von der sie geträumt hatte, erkannte sie, dass ihre Reise voller Aufopferung und harter Arbeit das größte Geschenk von allen war.

In dieser Geschichte von Aufopferung und Hingabe werden wir daran erinnert, dass es im Leben nicht nur auf das Ziel, sondern auch auf den Weg geht. Manchmal, wenn wir nach etwas für uns selbst oder unsere Lieben suchen, werden wir unerwartet mit etwas viel Größerem gesegnet: Sinn, Zweck und die Chance, ein Leben in Liebe zu schaffen.

11- Sisterly Conversations: Dreams, Heritage, and Choices

In the cozy living room adorned with family photographs and cultural memorabilia, two sisters sat together, engaged in a heartfelt conversation that resonated with the complexities of their lives—dreams, heritage, and the paths they envisioned for themselves.

The elder sister, Maya, had always been fascinated by their family's heritage. Growing up, she had listened intently to their mother's stories of her ancestors—immigrants who sought fortune and freedom in a foreign land. Maya often found herself daydreaming about those journeys, imagining the sacrifices made for a better life. With a deep yearning to embrace the American dream, she had set her sights on moving to the United States for her studies. However, she faced a challenge: to realize her dream, she needed money, a daunting prospect for her family.

"I want to go to America," Maya confided, her eyes shimmering with determination. "It's not just about studying; it's about understanding who we are, carrying on our mother's legacy, and experiencing the world beyond our small town."

Her younger sister, Amina, sat cross-legged on the couch, contemplating her sister's aspirations. Amina had her dreams too, but they were rooted in a life that felt more immediate to her—a life where love took precedence over adventure. "Maya, I get it, but what about us? What about our family here? If you leave, it will change everything. Plus, I'm focused on my relationship with Rami. He's ready to marry, and I can't imagine being away from him," she replied, her tone contemplative yet firm.

As their discussion unfolded, it became clear that the divide between aspiration and tradition ran deep. Maya was drawn to the idea of independence and the promise of new experiences, while Amina saw love and stability as the pillars of a fulfilling life. Their mother's story, rich in cultural heritage, had instilled in them a sense of duty to preserve their roots, but it also opened doors to new identities that they were both eager to explore in their own ways.

"Mom always says that our heritage is a treasure," Maya continued, "but it's also about forging our own paths. I want to honor that by learning and growing in a new environment. I believe that's what she would want for us—freedom to choose."

Amina nodded, slightly torn between supporting her sister and prioritizing her own desires. "I understand, Maya, but I don't think we have to choose. Why can't we both pursue our dreams while honoring our heritage? Maybe you can seek scholarships or part-time work to fund your trip while preparing for a future where you can come back and share your experiences."

The sisters paused, absorbing the weight of their words. They were straddling two worlds, each with valid reasons for their choices. Maya envisioned her time in America as a chance to grow and come back enriched, whereas Amina wanted to build a life hedged in love and family.

Their conversation turned towards the lessons their mother had imparted over the years—the importance of understanding where they came from while also allowing themselves to evolve. Amina shared how Rami understood her commitment to her family and encouraged her ambitions, albeit rooted in a simpler, perhaps more conventional life. On the flip side, Maya expressed her desire to return with stories and experiences that could inspire Amina and honor their mother's legacy.

As the sun set and the room filled with soft shadows, the sisters realized that they were not at odds but rather standing at different crossroads, each beckoning them with promise. With their mother's heritage as a guiding light, they could support one another's dreams, forging paths that, though divergent, were interconnected by shared love and understanding.

With hugs and laughter, they agreed to help each other, Maya looking into options for funding her studies, while encouraging Amina to envision how her future with Rami could incorporate her own dreams too. It was a conversation not just about choices but about growing together—each sister lifting the other up as they navigated their individual journeys.

In that moment, they understood that regardless of where their paths may lead, the strengths of their heritage and the bond of sisterhood would always remain steadfast, forging a bond resilient enough to embrace both dreams and love.

11-Brüderliche Gespräche: Träume, Vermächtnisse und Entscheidungen

In dem gemütlichen Wohnzimmer, das mit Familienfotos und kulturellen Erinnerungsstücken geschmückt war, saßen die beiden Schwestern zusammen und führten ein intimes Gespräch, das über die Komplexität ihres Lebens nachdachte – ihre Träume, ihr Vermächtnis und die Wege, die sie sich vorgestellt hatten.

Die ältere Schwester Maya hatte das Vermächtnis ihrer Familie immer bewundert. Als Kind hörte er aufmerksam den Erzählungen seiner Mütter über seine Vorfahren zu, Einwanderer, die in einem fremden Land Reichtum und Freiheit suchten. Maya ertappte sich oft dabei, wie sie von diesen Reisen träumte und von den Opfern träumte, die sie für ein besseres Leben gebracht hatte. Mit dem tiefen Wunsch, den amerikanischen Traum zu verwirklichen, hatte er sich vorgenommen, für sein Studium in die Vereinigten Staaten zu ziehen. Aber er stand vor einer Herausforderung: Er brauchte Geld, um seinen Traum zu verwirklichen, was für seine Familie eine entmutigende Aussicht war.

Maya sagte mit vor Entschlossenheit leuchtenden Augen: "Ich will nach Amerika." "Es geht nicht nur ums Studium; Es geht darum, zu verstehen, wer wir sind, das Erbe unserer Mutter weiterzuführen und die Welt jenseits unserer Kleinstadt zu erleben."

Ihre jüngere Schwester Amina saß im Schneidersitz auf der Couch und dachte über die Träume ihrer Schwester nach. Amina hatte auch Träume, aber sie wurzelten in einem Leben, das ihr näher zu sein schien, ein Leben, in dem die Liebe Vorrang vor dem Abenteuer hatte. "Maja, ich verstehe, was ist mit uns? Aber was ist mit unserer Familie hier? Wenn du gehst, ändert sich alles. Ich konzentrierte mich auch auf meine Beziehung zu Rami. Sie ist bereit zu heiraten und ich kann es mir nicht vorstellen. um von ihm weg zu sein", antwortete er mit nachdenklichem, aber auch entschlossenem Tonfall.

Im Laufe der Diskussion wurde deutlich, dass die Unterscheidung zwischen Wille und Tradition tiefgreifend war. Während Maya von der Idee der Unabhängigkeit und dem Versprechen neuer Erfahrungen fasziniert war, sah Amina Liebe und Stabilität als Säulen eines erfüllten Lebens. Die traditionsreiche Geschichte ihrer Mutter hatte in ihnen das Gefühl der Pflicht geweckt, ihre Wurzeln zu bewahren, aber sie öffnete ihnen auch die Türen zu neuen Identitäten, die sie beide auf ihre eigene Weise erkunden wollten.

"Meine Mutter sagt immer, dass unser Erbe ein Schatz ist", fährt Maya fort, "aber es geht auch darum, unsere eigenen Wege zu gehen. Ich möchte das ehren, indem ich in einer neuen Umgebung lerne und wachse. Ich glaube, das ist es, was er für uns will: dass wir uns für die Freiheit entscheiden."

Amina schüttelte den Kopf, ein wenig hin- und hergerissen zwischen der Unterstützung ihrer Schwester und der Priorisierung ihrer eigenen Wünsche. "Ich verstehe, Maja, aber ich glaube nicht, dass wir uns entscheiden müssen. Warum können wir nicht beide unsere Träume verfolgen und gleichzeitig unser Erbe ehren? Während Sie sich auf die Zukunft vorbereiten, können Sie vielleicht nach Stipendien suchen, um Ihre Reise zu finanzieren, oder Sie können in Teilzeit arbeiten, wo Sie zurückkehren und Ihre Erfahrungen teilen können."

Die Schwestern hielten inne und spürten das Gewicht ihrer Worte. Sie befanden sich zwischen zwei Welten, von denen jede triftige Gründe für ihre Wahl hatte. Maya fühlte, dass ihre Zeit in Amerika eine Chance war, erwachsen zu werden und bereichert zurückzukehren, während Amina sich ein Leben inmitten von Liebe und Familie aufbauen wollte.

Ihr Gespräch drehte sich um die Lektionen, die ihre Mutter ihnen im Laufe der Jahre beigebracht hatte: wie wichtig es ist, zu verstehen, woher sie kommen, und sich selbst zu erlauben, sich zu entfalten.

Amina erzählte, wie sie Ramis Hingabe an seine Familie verstand und seine Ambitionen förderte, obwohl seine Wurzeln in einem einfacheren, vielleicht traditionelleren Leben liegen. Auf der anderen Seite äußerte Maya den Wunsch, mit Geschichten und Erfahrungen zurückzukehren, die Amina inspirieren und das Vermächtnis ihrer Mutter ehren könnten.

Als die Sonne unterging und der Raum von sanften Schatten erfüllt war, erkannten die Schwestern, dass sie nicht anderer Meinung waren, sondern im Gegenteil an unterschiedlichen Kreuzungen standen, und jede von ihnen gab ihnen Hoffnung. Mit dem Vermächtnis ihrer Mutter als Richtschnur konnten sie die Träume des anderen unterstützen und Wege beschreiten, die zwar unterschiedlich waren, aber durch gemeinsame Liebe und Verständnis verbunden waren.

Sie beschlossen, sich gegenseitig mit Umarmungen und Lachen zu helfen; Als Maya nach Möglichkeiten suchte, ihre Arbeit zu finanzieren, ermutigte sie Amina, sich vorzustellen, wie ihre Zukunft mit Rami mit ihren eigenen Träumen verschmelzen könnte. Es ging nicht nur um Wahlen, es ging darum, zusammenzuwachsen; Jede Schwester hat die andere auf ihrem individuellen Weg aufgerichtet.

In diesem Moment erkannten sie, dass, egal wohin ihr Weg ging, die Stärken ihres Erbes und das Band der Brüderlichkeit immer unerschütterlich bleiben würden, wodurch ein Band entstand, das dauerhaft genug war, um sowohl Träume als auch Liebe zu umarmen.

12- The Old Farmer and the Thief

In a quaint village nestled among rolling hills, there lived an old farmer named Harold. Known for his kind heart and hardworking nature, Harold cherished his simple life on the farm. His days were spent tending to his fields, caring for his animals, and providing fresh produce for the community. However, the one possession he held most dear was his beloved ship—a sturdy wooden vessel that had weathered many storms and adventures on the nearby river.

Harold had inherited the ship from his father, who had taught him the art of sailing and the importance of respecting nature. While Harold no longer sailed as frequently as he once did, the ship stood as a symbol of freedom and exploration—a window to the world beyond the horizon.

One chilly night, as the moon cast a silver glow across the farm, Harold was fast asleep in his small, cozy cottage. The peaceful sounds of the night were interrupted when a shadow crept towards his prized possession. A thief, driven by greed, had made his way onto the property, drawn by tales of the farmer's ship. With each step, the thief's heart raced; he envisioned the riches he could amass by selling the remarkable vessel.

However, fortune was not on the thief's side. As he stealthily approached the ship, Harold stirred in his sleep, sensing that something was amiss. The farmer had always been attuned to the rhythms of his land, and in the stillness of the night, he felt an uneasy presence.

Suddenly, Harold awoke, his instincts kicking in. As he peered out of his window, he spotted the dark figure looming near his ship. In a flash, the old farmer's heart filled with determination, and he knew he had to protect what was rightfully his.

Gathering his courage, Harold stepped outside into the cool night air. The thief, startled by the sudden movement, turned to see the formidable figure of the old farmer. With a voice that resonated both with authority and a hint of concern, Harold called out, "Who goes there? What do you seek on my land?"

Caught off guard, the thief hesitated—for a brief moment, he considered fleeing. Yet, greed had a tight grip on him. Instead of running away, he drew closer to Harold, attempting to persuade him with sweet words, "I mean no harm, old man. I'm merely admiring your splendid ship. Surely a man like you wouldn't mind sharing the wealth it could bring."

Harold, however, was no fool. With experience etched in the lines of his face, he knew that golden words were often gilded lies. "The ship is not for admiration, nor is it for sale. It holds memories and dreams that you cannot fathom," Harold replied, his voice unwavering.

As the conversation unfolded, Harold took a step closer, using his presence to instill a sense of power. "You may try to steal my ship, but you will never understand its value. Wealth can be gained without losing one's dignity; the true treasure lies in hard work and respect for others."

The thief, sensing the sincerity in Harold's words, felt a wave of guilt wash over him. In that moment, the reality of his actions struck him—he was not merely a thief; he was a man lost in the pursuit of wealth, overlooking the simple joys of life. He had forgotten the importance of honesty and the mundane pleasures that made life truly valuable.

Recognizing the shift in the thief's demeanor, Harold lowered his guard slightly. "If you truly seek a better life, I can help you," he offered. "There's always work to be done on the farm, and in return, I'll show you the way to find fulfillment."

The thief, filled with remorse, nodded slowly. He realized that chasing after riches would only lead him to despair. Under Harold's guidance, he embarked on a new path—one where he would learn the value of hard work, commitment, and integrity.

As days turned into weeks, the once-thief found purpose in the toil of farm life. Meanwhile, Harold's kindness had transformed not just the life of a stranger but had renewed his own sense of purpose as a mentor and friend.

And as for the ship? It remained anchored at the river's edge, a silent witness to a remarkable change—a symbol of hope and redemption, proving that even in the darkest moments, there's always a chance for a new beginning.

Thus, the old farmer taught an invaluable lesson that chilly night: sometimes, the greatest treasure one can find is not material wealth but the richness of compassion, understanding, and friendship.

12- Der alte Bauer und der Dieb

In einem malerischen Dorf zwischen den Hügeln lebte ein alter Bauer namens Harold. Harold, der für seine gutherzige und fleißige Art bekannt war, schätzte sein einfaches Leben auf dem Bauernhof. Seine Tage verbrachte er damit, sich um seine Felder zu kümmern, sich um seine Tiere zu kümmern und die Gemeinde mit frischen Produkten zu versorgen. Was er jedoch am meisten schätzte, war sein geliebtes Schiff; Ein robustes Holzschiff, das vielen Stürmen und Abenteuern auf dem nahegelegenen Fluss getrotzt hat.

Harold hatte das Schiff von seinem Vater geerbt, der ihm die Kunst des Segelns und die Bedeutung des Respekts vor der Natur beigebracht hatte. Obwohl Harold nicht mehr so oft segelte wie früher, stand das Schiff als Symbol für Freiheit und Entdeckung, als Fenster in die Welt hinter dem Horizont.

In einer kühlen Nacht, als der Mond einen silbrigen Schein über den Hof warf, fiel Harold in seinem gemütlichen kleinen Häuschen in einen tiefen Schlaf. Die friedlichen Geräusche der Nacht wurden durch das Kriechen eines Schattens zu seinem kostbaren Besitz unterbrochen. Ein gieriger Dieb war in das Anwesen eingebrochen und hatte sich in Geschichten über das Schiff des Bauern verfangen. Bei jedem Schritt schlug das Herz des Diebes schnell; Er träumte von den Reichtümern, die er durch den Verkauf des außergewöhnlichen Schiffes erlangen könnte.

Das Glück war jedoch nicht auf der Seite des Diebes. Harold rührte sich im Schlaf und fühlte, dass etwas nicht stimmte, als er sich auf das Schiff schlich. Der Bauer war schon immer auf den Rhythmus seines Landes eingestellt gewesen und fühlte eine unbehagliche Präsenz in der Stille der Nacht.

Plötzlich wachte Harold auf und seine Instinkte setzten ein. Als er aus dem Fenster schaute, sah er die dunkle Gestalt in der Nähe seines Schiffes erscheinen. Das Herz des alten Bauern war plötzlich von

Entschlossenheit erfüllt, und er erkannte, dass er das schützen musste, was ihm rechtmäßig gehörte.

Harold nahm seinen Mut zusammen und ging hinaus in die kühle Nachtluft. Erschrocken über die plötzliche Bewegung drehte sich der Dieb um und sah die imposante Silhouette des alten Bauern. Harold rief mit einer Stimme voller Autorität und Besorgnis: "Wer geht da hin? Was suchst du in meinem Land?"

Der Dieb war überrascht und zögerte; Für einen kurzen Moment dachte er daran, wegzulaufen. Aber die Gier hatte ihn fest gepackt. Anstatt wegzulaufen, ging sie auf Harold zu und versuchte ihn mit süßen Worten zu überreden: "Ich will dir nicht wehtun, alter Mann. Ich bewundere einfach dein erstaunliches Schiff. Natürlich würde ein Mann wie Sie nicht zögern, an dem Reichtum teilzuhaben, den dies mit sich bringen kann."

Aber Harold war nicht dumm. Mit seiner Erfahrung, die in die Linien seines Gesichts eingebrannt war, wusste er, dass goldene Worte meist vergoldete Lügen waren. "Das Schiff ist weder zur Bewunderung noch zum Verkauf. Er birgt Erinnerungen und Träume, die man nicht verstehen kann", antwortete Harold mit unveränderter Stimme.

Im Laufe des Gesprächs trat Harold einen Schritt näher und nutzte seine Anwesenheit, um ein Gefühl der Macht zu vermitteln. "Du magst versuchen, mein Schiff zu stehlen, aber du wirst nie seinen Wert verstehen. Reichtum kann man auch erwerben, ohne seine Würde zu verlieren; Der wahre Schatz liegt in harter Arbeit und Respekt für andere."

Als der Dieb die Aufrichtigkeit in Harolds Worten spürte, fühlte er, wie eine Welle von Schuldgefühlen ihn überkam. In diesem Moment war er überrascht von der Realität dessen, was er tat; Er war nicht nur ein Dieb, er war ein Mann, der sich in seinem Streben nach Reichtum verlor und die einfachen Freuden des Lebens aus den Augen verlor. Er hatte vergessen, wie wichtig Ehrlichkeit ist und welche gewöhnlichen Freuden das Leben wirklich lebenswert machen.

Als Harold die Veränderung im Verhalten des Diebes bemerkte, ließ er seine Wachsamkeit ein wenig nach. "Wenn Sie wirklich auf der Suche nach einem besseren Leben sind, kann ich Ihnen helfen", bot er an. "Auf dem Hof gibt es immer Arbeit zu erledigen, und im Gegenzug zeige ich dir den Weg, um Zufriedenheit zu finden."

Reumütig nickte der Dieb langsam. Er erkannte, dass das Streben nach Reichtum ihn nur zur Verzweiflung treiben würde. Unter Harolds Führung schlug er einen neuen Weg ein; Auf seinem Weg lernte er den Wert von harter Arbeit, Hingabe und Integrität.

Als aus den Tagen Wochen wurden, fand der einstige Dieb einen Sinn in der harten Arbeit des Bauernlebens. In der Zwischenzeit hatte Harolds Freundlichkeit nicht nur das Leben eines Fremden verändert, sondern auch sein eigenes Gefühl für die Sinnhaftigkeit als Mentor und Freund erneuert.

Und was das Schiff betrifft? Am Ufer des Flusses vor Anker liegend, war er ein stummer Zeuge einer merkwürdigen Veränderung; Es war ein Symbol der Hoffnung und des Heils und bewies, dass es auch in den dunkelsten Momenten immer eine Chance auf einen Neuanfang gibt.

So erteilte der alte Bauer in dieser kalten Nacht eine unschätzbare Lektion: Manchmal ist der größte Schatz, den man finden kann, nicht materieller Reichtum, sondern der Reichtum des Mitgefühls, des Verständnisses und der Freundschaft.

13- The Journey of English Language Learners

In the heart of every bustling city, there lies a haven of knowledge—an inviting library. For many students, especially those learning English as a second language, the library is not just a place filled with books; it is an adventure waiting to unfold. This is a tale of five students—Aisha, Marco, Li, Nia, and Ahmed—who embarked on an unforgettable journey within the walls of their local library, discovering not only the richness of the English language but also the magic hidden between the shelves.

Chapter 1 The Call to Adventure

One sunny afternoon, the group of friends decided to meet at their local library to work on their English skills together. The library was a familiar place where they had gathered many times before, but today felt different. As they stepped through the grand wooden doors, the scent of old books enveloped them, and the soft hush of whispers created an atmosphere of mystery and excitement.

"Let's explore the sections we haven't been to yet!" Marco suggested, his eyes sparkling with enthusiasm. With that, they split into pairs, each choosing a different part of the library to investigate, eager to uncover the treasures lying in wait.

Chapter2 The Mystery of the Historical Fiction Section

Li and Nia ventured into the historical fiction section, where towering shelves were lined with tales of eras long past. They stumbled upon a book that piqued Li's interest—*The Book Thief* by Markus Zusak.

"What a fascinating cover!" Nia exclaimed. Together, they delved into the story, using the dictionary app on Li's phone for difficult words. It was more than a language lesson; it was a window into a different world filled with resilience and hope. As they discussed the characters and their motivations, Li felt her confidence growing, both in her language skills and her ability to express her thoughts.

Chapter 3 The Fantasy Realm

Meanwhile, Aisha and Ahmed found themselves in the fantasy section, surrounded by titles like *Harry Potter*, *The Hobbit*, and *The Chronicles of Narnia*. Aisha picked up *The Lion, the Witch, and the Wardrobe*. "I've always wanted to read this! It's a great way to learn English through storytelling," she said excitedly.

As they read aloud, the characters' adventures leaped off the pages. They laughed and gasped at the thrilling moments, but more importantly, they practiced pronunciation and learned new vocabulary. "Look at this word," Ahmed pointed to "Aslan." "How do we say this in English?" They took turns pronouncing it and even created their own sentences using the word, making language learning an engaging and interactive experience.

Chapter 4 A Journey into the Non-Fiction World

On the other side of the library, Marco and Nia found themselves in the non-fiction section. They were shocked to discover a book about the environment titled *The Future We Choose*. As they read about climate change solutions, they understood the importance of using English to discuss pressing global issues.

"Can we do a project on this topic?" Marco asked. They decided to create a presentation in English, not just to practice their language skills but also to contribute to their school's environmental club. This collaborative effort deepened their friendship while further solidifying their grasp of the language.

Chapter 5 The Library Team Challenge

Reunited after their adventures, the students excitedly shared what they had discovered. Inspired by their individual journeys, they decided to form a library team challenge. Each of them would present a summary of the book they read, sharing not only the storyline but also new vocabulary they had learned.

As they took turns sharing their findings, their confidence grew. They laughed at each other's mispronunciations and celebrated their progress. It was a beautiful blend of learning, teamwork, and creativity—everything the library had to offer.

Chapter 6 The Magic of Storytelling

As the library clock chimed to signal closing time, the students felt a sense of accomplishment. They realized that their adventure was not just about books or language but about the connections they forged within the pages and with each other.

"Let's make this a weekly tradition!" Nia suggested, and everyone enthusiastically agreed. The library had transformed from a quiet study space into a vibrant arena of adventure—where stories came to life and language barriers began to fade.

Chapter7 Conclusion

For these five students, the library became a sanctuary of learning and exploration. Through their adventures, they discovered that learning English was more than just mastering grammar and vocabulary; it was about embracing stories, building friendships, and sharing experiences. In the heart of that library, they found not only education but also the thrills of adventure that would accompany them on their journey of language learning for years to come.

And so, each visit to the library would bring new tales, fresh challenges, and the promise of more adventures waiting to be written.

13- Die Reise der Englischlernenden

Im Herzen jeder geschäftigen Stadt befindet sich eine Oase des Wissens, eine einladende Bibliothek. Für viele Studenten, insbesondere für diejenigen, die Englisch als Zweitsprache lernen, ist die Bibliothek nicht nur ein Ort voller Bücher; Es ist ein Abenteuer, das darauf wartet, sich zu entfalten. Dies ist die Geschichte von fünf Studenten (Aisha, Marco, Li, Nia und Ahmed), die sich auf eine unvergessliche Reise innerhalb der Mauern ihrer örtlichen Bibliothek begeben und nicht nur den Reichtum der englischen Sprache, sondern auch die Magie entdecken, die in den Regalen verborgen ist. .

Kapitel 1: Ruf zum Abenteuer

An einem sonnigen Nachmittag beschloss die Gruppe von Freunden, sich in ihrer örtlichen Bibliothek zu treffen, um gemeinsam an ihren Englischkenntnissen zu arbeiten. Die Bibliothek war ein vertrauter Ort, an dem sie sich schon viele Male getroffen hatten, aber heute fühlten sie sich anders. Als sie durch die großen Holztüren eintraten, umhüllte sie der Geruch alter Bücher, und die sanfte Stille des Flüsterns schuf eine Atmosphäre des Geheimnisses und der Aufregung.

"Lasst uns die Teile erkunden, in denen wir noch nicht waren!" Marco schlug dies vor, und seine Augen leuchteten vor Begeisterung. Darauf teilen sie sich in Paare auf; Jeder wählte einen anderen Teil der Bibliothek, um ihn zu untersuchen, und war begierig darauf, die Schätze zu entdecken, die auf ihn warteten.

Kapitel 2: Das Geheimnis der historischen Fiktion Kapitel

Li und Nia wagten sich in die Abteilung für historische Belletristik, wo lange Regale mit Geschichten aus längst vergangenen Epochen gefüllt sind. Sie stießen auf ein Buch, das Lis Interesse geweckt hat: Der Bücherdieb von Markus Zusak.

»Was für ein bezauberndes Cover!« rief er aus. Gemeinsam tauchten sie tiefer in die Geschichte ein, indem sie die

ENGLISH FOR GERMAN SPEAKERS

Wörterbuch-App auf Lis Handy für schwierige Wörter verwendeten. Es war mehr als nur eine Sprachstunde; Es war ein Fenster in eine andere Welt voller Widerstandsfähigkeit und Hoffnung. Als sie über die Figuren und ihre Motivationen sprach, spürte Li, wie ihr Selbstvertrauen sowohl in ihren Sprachkenntnissen als auch in ihrer Fähigkeit, ihre Gedanken auszudrücken, wuchs.

Kapitel 3: Das Reich der Fantasie

In der Zwischenzeit fanden sich Aisha und Ahmed in der Fantasy-Episode wieder, die von Titeln wie Harry Potter, Der Hobbit und Die Chroniken von Narnia umgeben ist. Aisha übernahm "Der Löwe", "Die Hexe und der Kleiderschrank". "Ich wollte das schon immer lesen! Es ist eine großartige Möglichkeit, Englisch zu lernen, indem man Geschichten erzählt", sagte sie aufgeregt.

Während ich vorlas, sprangen die Abenteuer der Charaktere aus den Seiten. Sie lachten und schnappten in aufregenden Momenten, aber vor allem übten sie die Aussprache und lernten neue Wörter. "Schau dir dieses Wort an", sagte Ahmed und deutete auf "Aslan". "Wie sagt man das auf Englisch?" Sie wechselten sich bei der Aussprache ab und kreierten sogar eigene Sätze mit diesem Wort, um das Sprachenlernen zu einem ansprechenden und interaktiven Erlebnis zu machen.

Kapitel 4: Reise in die Welt der Sachbücher

Auf der anderen Seite der Bibliothek fanden sich Marco und Nia in der Sachbuchabteilung wieder. Sie waren schockiert, als sie ein Buch über die Umwelt mit dem Titel "Die Zukunft, die wir wählen" entdeckten. Als sie über Lösungen für den Klimawandel lasen, verstanden sie, wie wichtig es ist, Englisch zu verwenden, wenn dringende globale Probleme diskutiert werden.

"Können wir ein Projekt dazu machen?" Fragte Marco. Sie beschlossen, eine Präsentation auf Englisch vorzubereiten, nicht nur, um ihre Sprachkenntnisse zu verbessern, sondern auch, um einen Beitrag zum Umweltclub ihrer Schule zu leisten. Diese gemeinsame

Anstrengung vertiefte ihre Freundschaft und festigte gleichzeitig ihr Verständnis der Sprache weiter.

Kapitel 5 Herausforderung des Bibliotheksteams

Die Schüler, die sich nach ihren Abenteuern wieder trafen, erzählten begeistert, was sie entdeckt hatten. Inspiriert von ihren individuellen Reisen beschlossen sie, eine Bibliotheksteam-Challenge ins Leben zu rufen. Jeder präsentierte eine Zusammenfassung des Buches, das er gelesen hatte, und erzählte nicht nur die Geschichte, sondern auch die neuen Vokabeln, die er gelernt hatte.

Als sie abwechselnd ihre Erkenntnisse teilten, wuchs ihr Selbstvertrauen. Sie lachten über die falsche Aussprache des anderen und feierten ihre Fortschritte. Es war eine wunderbare Mischung aus Lernen, Teamwork und Kreativität, alles, was die Bibliothek zu bieten hatte.

Kapitel 6: Die Magie des Geschichtenerzählens

Als die Uhr der Bibliothek den Feierabend anzeigte, hatten die Schüler ein Erfolgserlebnis. Sie erkannten, dass es bei ihren Abenteuern nicht nur um Bücher oder Sprache ging, sondern auch um die Verbindungen, die sie innerhalb der Seiten und untereinander herstellten.

"Machen wir das zu einer wöchentlichen Tradition!" Nia schlug es vor, und alle stimmten begeistert zu. Die Bibliothek hatte sich von einem ruhigen Lernort zu einer lebendigen Abenteuerarena entwickelt, in der Geschichten zum Leben erweckt wurden und Sprachbarrieren zu verschwinden begannen.

Kapitel 7 Fazit

Für diese fünf Studenten ist die Bibliothek zu einer Oase des Lernens und Entdeckens geworden. Im Laufe ihrer Abenteuer entdeckten sie, dass das Erlernen von Englisch mehr ist als nur das Erlernen von Grammatik und Vokabeln; Es ging darum, Geschichten anzunehmen, Freundschaften aufzubauen und Erfahrungen zu teilen. Im Herzen dieser Bibliothek fanden sie nicht nur Bildung, sondern auch den Nervenkitzel des Abenteuers, der sie auf ihrer jahrelangen Sprachlernreise begleiten sollte.

Und so brachte jeder Besuch in der Bibliothek neue Geschichten, neue Herausforderungen und das Versprechen weiterer Abenteuer mit sich, die darauf warteten, geschrieben zu werden.

14- Hearts Divided: A Mother's Dilemma Between Love and Family

In a small town where the lines between wealth and poverty are drawn starkly, a poignant story unfolds—a tale of love, family, and the struggles that come when two worlds collide. This is the story of Maria, a devoted mother raising three spirited boys on her own, navigating the challenges of single motherhood while making ends meet.

Maria's life has not been easy. With a meager income from her job as a waitress, she works tirelessly to provide for her sons: Lucas, the eldest at 10 years old, is a curious boy with dreams too big for their small home; Marco, the middle child at 8, often finds solace in drawing and stories of adventure; and the youngest, little Theo, just 5, brings an infectious joy that lights up their modest apartment. For Maria, every day revolves around her children—their needs, their happiness, and their future.

But one fateful day, everything changes. Thomas, a successful businessman from the affluent side of town, becomes enchanted by Maria's resilience and beauty. He is captivated by the way she navigates life with grace amidst her struggles. After several encounters, fueled by admiration for her tenacity and a desire to start a family of his own, Thomas proposes marriage. It seems like a fairy tale offering—a way for Maria to escape the financial strains of her current life and provide her boys with a luxurious lifestyle.

However, the excitement that Thomas feels is met with resistance from the heart of the family—Maria's sons. Lucas, Marco, and Theo, though young, share a deep bond with their mother shaped by years of mutual struggle and love. To them, Thomas represents a disruption of their close-knit family unit. The boys envision their mother marrying a man who would take them away from their familiar world, the rhythms of their daily life, and the simple joys they derive from their unity as a family.

As the news of Thomas's proposal spreads, the atmosphere at home shifts. Lucas voices his concerns to Maria, "What if he doesn't love us? What if he only wants you? We're a team, Mom." Marco adds, "I don't want to live in a big house; I love our home." Even little Theo, too young to fully grasp the implications, clings to Maria, sensing the tension that has invaded their lives.

Caught in the crossfire between the potential for a brighter future and the allegiance to her children, Maria's heart aches. Thomas represents a new beginning, an escape from poverty that many dream of. Yet, her sons' happiness weighs heavily on her mind. Every day, she grapples with the implications of her decision. She loves her sons fiercely and wants nothing more than to see them thrive, but she also yearns for companionship, stability, and a chance for personal happiness.

In what seems to be a deeply personal conflict, Maria decides to have a family meeting. She gathers her boys, gently placing her hands over theirs as she speaks with a steady voice, "I know you are scared, and I understand your feelings. But this is a decision that will affect all of us." As she listens to their fears, Maria realizes that her marriage to Thomas cannot just be about herself; it has to be a choice that includes her children.

Through heartfelt conversations, she attempts to articulate the importance of love—not just romantic love, but the love that binds families together, which sometimes requires compromise and understanding. The boys slowly come to accept the idea of Thomas, but with conditions—that he must be a part of their lives, involved in their activities, their laughter, and their challenges.

Ultimately, Maria reaches a decision. She approaches Thomas, explaining her sons' feelings and desires. Thomas, though disappointed, expresses his willingness to understand and to earn the boys' trust. He agrees to take it slow, to build a relationship with the children, and to prioritize their comfort and happiness as a family unit.

In this modern tale of love, Maria learns that the path to happiness is not a straight path but often a winding road filled with obstacles. It highlights the complexities of blending families, emphasizing that relationships built on understanding, patience, and unconditional love can withstand the pressures of societal expectations.

As time passes, Maria's family slowly integrates Thomas into their lives. The journey isn't always smooth, but together, they discover that love comes in many forms, and sometimes, the most profound love is the one that grows through shared experiences and mutual respect.

In the end, the story of Maria is one not just about choosing between love and family, but about forging a new narrative that honors both. In choosing to create a life together, they find unity, demonstrating that love, in its many dimensions, can bridge even the widest gaps.

14- Geteilte Herzen: Das Dilemma einer Mutter zwischen Liebe und Familie

In einer Kleinstadt, in der die Grenze zwischen Reichtum und Armut scharf gezogen wird, entfaltet sich eine ergreifende Geschichte, eine Geschichte über Liebe, Familie und die Kämpfe, die entstehen, wenn zwei Welten aufeinanderprallen. Dies ist die Geschichte von Maria, einer hingebungsvollen Mutter, die allein drei lebhafte Jungen großzieht und mit den Herausforderungen des alleinerziehenden Mutterseins zu kämpfen hat, während sie über die Runden kommt.

Marias Leben war nicht einfach. Mit ihrem geringen Einkommen aus ihrem Job als Kellnerin arbeitet sie unermüdlich, um für ihre Söhne zu sorgen: Der 10-jährige Lucas, der Älteste, ist ein neugieriger Junge mit Träumen, die zu groß für ihr kleines Haus sind; Marco, das mittlere 8-jährige Kind, findet oft Trost im Zeichnen und in Abenteuergeschichten; und der Jüngste, der kleine Theo, der erst 5 Jahre alt ist, bringt eine ansteckende Freude, die ihre bescheidene Wohnung erhellt. Für Maria dreht sich jeder Tag um ihre Kinder, ihre Bedürfnisse, ihr Glück und ihre Zukunft.

Aber eines Tages ändert sich alles. Thomas, ein erfolgreicher Geschäftsmann aus dem wohlhabenden Teil der Stadt, ist fasziniert von Marias Durchhaltevermögen und Schönheit. Sie war fasziniert von der Art und Weise, wie sie inmitten ihrer Kämpfe mit Anmut mit dem Leben umging. Nach mehreren Begegnungen, befeuert von seiner Bewunderung für ihre Beharrlichkeit und seinem Wunsch, eine eigene Familie zu gründen, macht Thomas einen Heiratsantrag. Dies scheint ein märchenhaftes Angebot zu sein, eine Möglichkeit für Maria, den finanziellen Problemen ihres derzeitigen Lebens zu entfliehen und ihren Söhnen einen luxuriösen Lebensstil zu ermöglichen.

Die Begeisterung, die Thomas empfindet, stößt jedoch auf Widerstand aus dem Herzen der Familie, namentlich aus Marias

Söhnen. Obwohl Lucas, Marco und Theo noch jung sind, verbindet sie eine tiefe Bindung zu ihrer Mutter, die von Jahren des gegenseitigen Kampfes und der Liebe geprägt ist. Für sie steht Thomas für den Zerfall eng verbundener Familieneinheiten. Die Jungen stellen sich vor, dass ihre Mutter einen Mann heiratet, der sie von ihrer vertrauten Welt, dem Rhythmus ihres Alltags und dem einfachen Glück, das sie aus dem familiären Zusammensein ziehen, ablenkt.

Als sich die Nachricht von Thomas' Heiratsantrag verbreitet, ändert sich die Atmosphäre im Haus. Lucas äußert Maria gegenüber seine Sorgen: "Was, wenn er uns nicht liebt? Was, wenn er dich nur will? Wir sind ein Team, Mama." Marco fügt hinzu: "Ich möchte nicht in einem großen Haus leben. Ich liebe unser Haus." Sogar der kleine Theo, der zu jung ist, um die Tragweite zu begreifen, klammert sich an Maria und spürt die Spannung, die in ihr Leben eindringt.

Gefangen im Kreuzfeuer zwischen ihrem Potenzial für eine bessere Zukunft und ihrem Engagement für ihre Kinder, schmerzt Marias Herz. Thomas steht für einen Neuanfang, den Ausweg aus der Armut, von dem viele träumen. Doch das Glück ihres Sohnes lastet schwer auf ihm. Jeden Tag setzt er sich mit den Konsequenzen seiner Entscheidung auseinander. Sie liebt ihre Söhne über alles und wünscht sich nichts sehnlicher, als sie aufblühen zu sehen, aber sie sehnt sich auch nach Freundschaft, Stabilität und einer Chance auf persönliches Glück.

Da es sich um einen zutiefst persönlichen Konflikt zu handeln scheint, beschließt Maria, ein Familientreffen abzuhalten. Sie versammelt ihre Söhne, legt sanft ihre Hände auf ihre und spricht mit fester Stimme: "Ich weiß, dass du Angst hast, und ich verstehe deine Gefühle. Aber das ist eine Entscheidung, die uns alle betreffen wird." Als Maria sich ihre Ängste anhört, wird ihr klar, dass es in ihrer Ehe mit Thomas nicht nur um sie gehen kann. Es sollte eine Entscheidung sein, die ihre Kinder einschließt.

Er versucht, die Bedeutung der Liebe durch herzliche Gespräche zu artikulieren; Nicht nur die romantische Liebe, sondern auch die Liebe, die Familien zusammenhält und die manchmal Kompromisse und Verständnis erfordert. Die Kinder beginnen allmählich, die Idee von Thomas zu akzeptieren, aber unter einigen Bedingungen: Thomas muss ein Teil ihres Lebens sein, in ihre Aktivitäten, ihr Lachen und ihre Schwierigkeiten einbezogen werden.

Am Ende kommt Maria zu einer Entscheidung. Er geht auf Thomas zu und erklärt ihm die Gefühle und Wünsche seiner Söhne. Obwohl er frustriert ist, äußert Thomas den Wunsch, das Vertrauen der Kinder zu gewinnen und sie zu verstehen. Sie stimmt zu, es langsam anzugehen, sich auf Kinder zu beziehen und ihren Komfort und ihr Glück als Familieneinheit in den Vordergrund zu stellen.

In dieser modernen Liebesgeschichte lernt Maria, dass der Weg zum Glück kein gerader, sondern ein kurvenreicher Weg ist, der oft voller Hindernisse ist. Sie betont die Komplexität von Mischfamilien und betont, dass Beziehungen, die auf Verständnis, Geduld und bedingungsloser Liebe basieren, dem Druck gesellschaftlicher Erwartungen standhalten können.

Im Laufe der Zeit beginnt Marias Familie, Thomas in ihr Leben einzubeziehen. Die Reise verläuft nicht immer reibungslos, aber gemeinsam entdecken sie, dass Liebe viele Formen hat, und manchmal ist die tiefste Liebe diejenige, die durch gemeinsame Erfahrungen und gegenseitigen Respekt wächst.

Letztendlich geht es in Marias Geschichte nicht nur darum, sich zwischen Liebe und Familie zu entscheiden, sondern auch darum, eine neue Erzählung zu gestalten, die beide ehrt. Indem sie sich für ein gemeinsames Leben entscheiden, finden sie eine Einheit, die zeigt, dass die Liebe mit ihren vielen Dimensionen auch die größten Gräben überbrücken kann.

15- The Adventure of Wind: Kids Flying Kites

As spring sweeps in with its warm breeze and vibrant blossoms, playgrounds and parks come alive with the sound of laughter and excitement. One of the most cherished pastimes that captures the joy of this season is kite flying. For children, the act of launching their colorful kites into the air becomes an exhilarating adventure, intertwining the elements of nature with boundless imagination.

Preparing for the Adventure

The day begins with much anticipation. Children gather at parks, their faces alight with eagerness, clutching a mix of wonderfully crafted kites. Some are simple diamond shapes adorned with bright colors, while others are intricate designs featuring dragons, butterflies, or superheroes. The air crackles with excitement as they eagerly share stories about their kites — tales of how they made them, what colors signify, or the special trips they have taken.

As the children spread their kites across the grassy expanse, a sense of community let's them know they're part of something special. Parents, too, become involved, helping to assemble the kites and offering gentle advice on the best ways to launch them. It's a perfect moment of bonding, where shared creativity gives rise to friendships that extend beyond just this day.

The Power of Wind

As the sun climbs higher in the sky, the wind begins to pick up, swirling around playfully. Each puff of wind becomes an invitation for adventure. The children anxiously await the right moment, their fingers gripping the string tightly, brimming with determination. With a sudden rush, they sprint forward, releasing their kites into the waiting sky.

A kite rises — then another, dancing gracefully against the canvas of blue. The laughter of children fills the air, echoing the kites' dance, each swoop and soar embodying the magic of childhood. Some kites dip and whirl, while others glide majestically, navigating the invisible currents of air with elegance.

Parents and onlookers watch in delight as the scene unfolds. The joyous cries of "Look at mine!" and "I can make it do loops!" intertwine, resonating with an infectious enthusiasm. In this moment, the children are not just flying kites; they're engaging with nature, feeling the power of the wind as they learn to control their colorful companions.

Learning and Growth

Flying kites isn't just about having fun; it's an opportunity for children to learn important life skills. As they navigate tangles or chase after a stubborn kite that refuses to fly, they develop resilience and problem-solving abilities. They learn patience as they wait for the perfect gust, and they cultivate teamwork as they help each other untangle strings or share tips on how to catch the wind better.

In addition, the experience of flying kites encourages creativity. Children can express themselves through their chosen designs and colors. The act of letting a kite soar is not unlike the journey of self-discovery; they learn to take risks, embrace challenges, and experience the thrill of seeing their efforts pay off.

A Connection with Nature

Beyond the immediate joys of kite flying lies a profound connection with the environment. As they watch their kites take flight, children become attuned to the elements — the direction of the wind, the changing clouds, and the beautiful landscape around them. This fosters a greater appreciation for nature and serves as an early step in understanding the importance of protecting the environment.

Sometimes, their kites may snag on branches or get caught in a neighbor's fence, leading to moments of trial and error. But, in each challenge, children find opportunities for growth and learning, teaching them self-reliance and persistence.

A Fond Memory in the Making

As the sun begins to set, casting a golden hue across the horizon, the park is filled with colorful kites fluttering in the sky, serving as a reminder of a day spent in playful adventure. As the day winds down, children rush to gather their kites, their faces flushed with joy and satisfaction.

They leave the park carrying more than just their kites; they take with them memories of laughter, friendship, and a sense of achievement. The adventure of wind reverberates within them, a cherished chapter in their childhood that they will recount in years to come.

Indeed, the simple act of flying kites transcends mere entertainment — it encapsulates the spirit of childhood exploration, the thrill of connection with nature, and the beauty of communal joy. Whether soaring high or tumbling down, every twist and turn in the wind tells a story, and each kite carries a little bit of that adventure back home, ready to inspire yet another day of flying.

15- Das Abenteuer des Windes: Kinder lassen Drachen steigen

Der Frühling kommt mit seiner warmen Brise und den bunten Blumen, während Spielplätze und Parks mit dem Klang von Lachen und Aufregung zum Leben erweckt werden. Eine der beliebtesten Freizeitbeschäftigungen, die Freude dieser Jahreszeit einfängt, ist das Drachensteigen. Für Kinder wird das Steigen ihrer bunten Drachen in die Luft zu einem aufregenden Abenteuer, das Elemente der Natur mit grenzenloser Fantasie verwebt.

Vorbereitung auf das Abenteuer

Der Tag beginnt mit großer Vorfreude. Kinder versammeln sich in Parks, ihre Gesichter leuchten vor Begeisterung, sie haben wunderbar präparierte Drachen in den Händen. Einige sind einfache Rautenformen, die mit leuchtenden Farben verziert sind, während andere komplizierte Designs mit Drachen, Schmetterlingen oder Superhelden darstellen. Die Luft knistert vor Aufregung, als sie eifrig Geschichten über ihre Drachen erzählt, wie sie hergestellt haben, was die Farben bedeuten oder welche besonderen Reisen sie unternommen haben.

Wenn die Kinder ihre Drachen auf dem Gras ausbreiten, gibt ihnen das Gemeinschaftsgefühl das Gefühl, Teil von etwas Besonderem zu sein. Auch die Eltern sind in den Prozess eingebunden, helfen beim Zusammenbau der Drachen und geben sanfte Ratschläge, wie man sie am besten steigen lässt. Es ist der perfekte Moment der Verbundenheit, in dem gemeinsame Kreativität zu Freundschaften führt, die über die Gegenwart hinausgehen.

Die Kraft des Windes

Wenn die Sonne höher am Himmel steht, beginnt der Wind stärker zu werden und spielerisch zu wirbeln. Jeder Windstoß lädt zum Abenteuer ein. Die Kinder warten sehnsüchtig auf den richtigen

Moment, ihre Finger halten das Seil fest und sprühen vor Entschlossenheit. Sie stürzen mit plötzlicher Geschwindigkeit vorwärts und lassen ihre Drachen in den Himmel fallen, der auf sie wartet.

Ein Drachen erhebt sich, dann tanzt ein anderer anmutig auf der blauen Leinwand. Das Lachen der Kinder erfüllt die Luft und spiegelt den Tanz der Drachen wider, jedes Steigen und Aufsteigen repräsentiert die Magie der Kindheit. Einige Drachen tauchen und drehen sich, während andere majestätisch dahingleiten und anmutig unsichtbare Luftströmungen leiten.

Eltern und Zuschauer beobachten diese Entwicklungen mit Freude. "Schau dir meine an!" und "Ich kann dich dazu bringen, Loops zu machen!" greifen ineinander und hallen mit ansteckender Begeisterung wider. Im Moment lassen Kinder nicht nur Drachen steigen; Sie werden eins mit der Natur, spüren die Kraft des Windes und lernen, ihre bunt zusammengewürfelten Freunde zu kontrollieren.

Lernen & Wachstum

Beim Drachensteigen geht es nicht nur darum, Spaß zu haben; Es ist eine Gelegenheit für Kinder, wichtige Lebenskompetenzen zu erlernen. Sie entwickeln Ausdauer und Problemlösungsfähigkeiten, während sie Verwicklungen überwinden oder einem störrischen Drachen hinterherjagen, der sich weigert zu fliegen. Sie lernen Geduld, während sie auf den perfekten Wind warten, und verbessern die Teamarbeit, indem sie sich gegenseitig beim Lösen von Seilen helfen oder Tipps geben, wie sie den Wind besser einfangen können.

Darüber hinaus fördert das Drachensteigen die Kreativität. Kinder können sich durch die Designs und Farben, die sie wählen, ausdrücken. Einen Drachen steigen zu lassen, unterscheidet sich nicht wesentlich von einer Reise der Selbstfindung; Sie lernen, Risiken einzugehen, sich Herausforderungen zu stellen und zu sehen, wie sich ihre Bemühungen auszahlen.

Verbundenheit mit der Natur

Jenseits der momentanen Freuden des Drachensteigens gibt es eine tiefe Verbindung mit der Umwelt. Wenn Kinder ihre Drachen steigen sehen, passen sie sich an die Windrichtung, die wechselnden Wolken und die wunderschöne Landschaft um sie herum an. Dies fördert eine größere Wertschätzung der Natur und dient als erster Schritt, um zu verstehen, wie wichtig es ist, die Umwelt zu schützen.

Manchmal können sich Milane in Ästen oder im Zaun des Nachbarn verfangen, was zu Momenten des Ausprobierens führen kann. Aber in jeder Herausforderung finden Kinder Möglichkeiten zu wachsen und zu lernen, die ihnen Selbstvertrauen und Zielstrebigkeit beibringen.

Eine schöne Erinnerung im Entstehen

Wenn die Sonne untergeht, ist der Park mit bunten Drachen gefüllt, die am Himmel steigen und dem Horizont eine goldene Farbe verleihen und uns an einen Tag erinnern, den wir mit einem lustigen Abenteuer verbracht haben. Am Ende des Tages beeilten sich die Kinder, ihre Drachen einzusammeln, ihre Gesichter röteten sich vor Freude und Zufriedenheit.

Sie verlassen den Park mit mehr als nur ihren Drachen; Sie tragen Erinnerungen an Lachen, Freundschaft und Erfolgserlebnisse mit sich. Das Abenteuer des Windes schwingt in ihnen mit; Sie sind ein wertvoller Teil ihrer Kindheit und werden in den kommenden Jahren davon erzählen.

In der Tat ist der einfache Akt, einen Drachen steigen zu lassen, viel mehr als nur Spaß; Es verkörpert den Entdeckergeist in der Kindheit, den Nervenkitzel der Verbindung mit der Natur und die Schönheit der gemeinsamen Freude. Ob hoch hinaus oder hinunterrollend, jede Winddrehung und jede Wendung des Windes erzählt eine Geschichte, und jeder Drachen trägt einen Teil dieses Abenteuers nach Hause und ist bereit, einen weiteren Flugtag zu inspirieren.

16- When Luck Runs Out: The Story of a Lottery Winner's Shocking Split

In an unexpected twist of fate, a man who recently became a multi-millionaire by winning the lottery has found himself facing an unexpected challenge that money cannot solve: the dissolution of his marriage. This story, while not unique, brings attention to the complexities of sudden wealth and its impact on personal relationships.

Chapter 1 The Winning Ticket

For many, winning the lottery symbolizes dreams fulfilled—houses, vacations, and financial security. John Thompson, a 45-year-old factory worker from Ohio, was no exception. After purchasing a ticket on a whim during his lunch break, he couldn't believe his eyes when he saw the numbers match. Overnight, John transitioned from an average man to a wealthier one, holding a grand prize of $10 million.

The initial days post-win were filled with joy, excitement, and dreams of what life could be. Friends and family celebrated with John, showering him with congratulations and the usual, "You deserve it!" The thrill of newfound wealth seemed to bring everyone closer. However, as days turned into weeks, the euphoria began to fade, and real-life consequences started to emerge.

Chapter 2 The Deterioration of Relationships

As John reveled in his lottery win, his wife, Lisa, found herself caught in a whirlwind of emotions. Once a source of support and partnership, the sudden influx of money altered their dynamic. Lisa, a 43-year-old teacher, had always envisioned a modest life built on shared dreams and aspirations. Suddenly, the notion of wealth began to highlight their differences rather than enhance their unity.

Reports indicate that Lisa expressed her concerns about the sharp change in lifestyle. The couple had been living a stable but financially constrained life, and the sudden wealth shifted their priorities. While John was eager to invest in luxury items and experiences, Lisa remained rooted in their past, valuing simplicity and security above extravagant spending.

The couple's disagreements escalated, from discussions about how to spend the money to deeper issues about trust, loyalty, and long-term goals. Friends who had once flocked to them for support began to notice adjustments in their relationship. The joy that once filled their home slowly turned into tension and misunderstandings.

Chapter 3 The Decision to Leave

After months of growing frustration and communication breakdowns, Lisa made the heart-wrenching decision to leave John. "I just felt like I didn't recognize him anymore," she stated during an interview. "The money changed him, and it changed us. I wanted to keep things simple, but it seemed he was spiraling into a different world."

The decision was not just about their relationship; it was about differing values and visions for a future that had suddenly expanded in ways neither had anticipated. With tears in her eyes, Lisa packed her bags and moved into a rented apartment, leaving behind the house they had built together.

Chapter 4 The Broader Impact of Sudden Wealth

This heartbreaking story, while specific to John and Lisa, highlights a larger narrative about sudden wealth and its impact on relationships. Studies have shown that financial windfalls often lead to stress and anxiety rather than happiness, as individuals and couples grapple with new pressures. Issues of trust, jealousy, and differing financial philosophies can strain even the strongest relationships.

According to financial psychologists, communication is key when navigating the terrain of sudden wealth. Couples must engage in open discussions about their values, goals, and fears surrounding money. Many couples find it beneficial to seek counseling or professional help to manage their newfound circumstances effectively.

Chapter 5 Conclusion: Beyond the Jackpot

While John Thompson might have thought winning the lottery would be the ultimate chance at happiness, the reality proved to be a sobering lesson in the complexities of love, trust, and money. As he faces life after his million-dollar win, it serves as a reminder that happiness often lies not in the accumulation of wealth, but in the strength of relationships and shared values.

In the end, this story offers a valuable lesson for others: real winning is about more than just numbers. It's about maintaining the connections that truly enrich our lives—connections that, as this tale illustrates, can sometimes be put to the ultimate test in the most unexpected ways.

16- Wenn das Glück ausgeht: Die Geschichte des Schock-Splits des Lottogewinners

In einer unerwarteten Wendung des Schicksals sah sich ein Mann, der kurz zuvor durch einen Lottogewinn zum Multimillionär geworden war, mit einem unerwarteten Problem konfrontiert, das Geld nicht lösen konnte: das Ende seiner Ehe. Diese Geschichte ist zwar nicht einzigartig, aber sie unterstreicht die Komplexität des plötzlichen Reichtums und seine Auswirkungen auf persönliche Beziehungen.

Kapitel 1 Gewinnschein

Für viele symbolisiert ein Lottogewinn wahr gewordene Träume, d. h. Häuser, Ferien und finanzielle Sicherheit. John Thompson, ein 45-jähriger Fabrikarbeiter aus Ohio, war da keine Ausnahme. Er traute seinen Augen nicht, als er sah, wie die Zahlen übereinstimmten, nachdem er in seiner Mittagspause aus einer Laune heraus einen Schein gekauft hatte. John wurde über Nacht von einem durchschnittlichen Mann zu einem reicheren Mann und gewann den Hauptpreis von 10 Millionen Dollar.

Die ersten Tage nach dem Gewinn waren geprägt von Freude, Aufregung und Träumen davon, wie das Leben aussehen könnte. Freunde und Familie feierten mit John, überschütteten ihn mit Glückwünschen und riefen wie immer: "Du hast es verdient!" Die Aufregung über den neu gewonnenen Reichtum schien alle einander näher zu bringen. Aber als aus den Tagen Wochen wurden, begann die Begeisterung zu schwinden, und die Ergebnisse aus dem wirklichen Leben zeigten sich.

2. Kapitel: Verschlechterung der Beziehungen

Während John seinen Lottogewinn genoss, befand sich seine Frau Lisa in einem Wirbelsturm der Gefühle. Was einst eine Quelle der

Unterstützung und Partnerschaft war, hat die Dynamik des plötzlichen Geldzuflusses verändert. Lisa, eine 43-jährige Lehrerin, hatte schon immer von einem bescheidenen Leben geträumt, das auf gemeinsamen Träumen und Sehnsüchten aufbaut. Plötzlich begann das Konzept des Reichtums, ihre Unterschiede zu betonen, anstatt ihre Einheit zu stärken.

Berichten zufolge hat Lisa ihre Besorgnis über die starke Veränderung ihres Lebensstils zum Ausdruck gebracht. Das Paar hatte ein stabiles, aber finanziell eingeschränktes Leben geführt, und der plötzliche Reichtum veränderte ihre Prioritäten. Während John gerne in Luxusartikel und -erlebnisse investierte, war Lisa in ihrer Vergangenheit verwurzelt und schätzte Einfachheit und Sicherheit mehr als extravagante Ausgaben.

Die Meinungsverschiedenheiten des Paares eskalierten, von Streitigkeiten darüber, wie das Geld ausgegeben werden sollte, bis hin zu tieferen Fragen im Zusammenhang mit Vertrauen, Loyalität und langfristigen Zielen. Ihre Freunde, die einst zu ihnen strömten, um Unterstützung zu erhalten, begannen, Veränderungen in ihren Beziehungen zu bemerken. Die Freude, die einst ihr Zuhause erfüllte, verwandelte sich allmählich in Spannungen und Missverständnisse.

3. Kapitel: Entscheidung zum Austritt

Nach Monaten wachsender Frustration und Kommunikationsunterbrechungen traf Lisa die herzzerreißende Entscheidung, sich von John zu trennen. "Ich hatte das Gefühl, ihn nicht mehr zu kennen", sagte sie in einem Interview. "Das Geld hat ihn verändert, und es hat uns verändert. Ich wollte die Dinge einfach halten, aber es schien, als würde er in eine andere Welt eintauchen."

Bei der Entscheidung ging es nicht nur um ihre Beziehung; Es ging um unterschiedliche Werte und Visionen für eine Zukunft, die sich plötzlich auf eine Weise erweiterten, die keiner von ihnen erwartet hatte. Mit Tränen in den Augen packte Lisa ihre Koffer und zog in eine Mietwohnung, wobei sie das Haus zurückließ, das sie gemeinsam gebaut hatten.

Kapitel 4: Die breiteren Auswirkungen von plötzlichem Reichtum
Diese herzzerreißende Geschichte ist zwar exklusiv für John und Lisa, aber sie beleuchtet eine breitere Erzählung über plötzlichen Reichtum und seine Auswirkungen auf Beziehungen. Untersuchungen haben gezeigt, dass finanzielle Gewinne zu mehr Stress und Ängsten als zu Glück führen, wenn Einzelpersonen und Paare mit neuem Druck zu kämpfen haben. Vertrauensprobleme, Eifersucht und unterschiedliche Finanzphilosophien können selbst die stärksten Beziehungen belasten.

Laut Finanzpsychologen ist Kommunikation von entscheidender Bedeutung, wenn es darum geht, sich auf dem Territorium des plötzlichen Reichtums zurechtzufinden. Paare sollten offen über ihre Werte, Ziele und Ängste in Bezug auf Geld sprechen. Viele Paare finden es hilfreich, eine Beratung oder professionelle Hilfe in Anspruch zu nehmen, um ihre neu gefundenen Umstände effektiv zu bewältigen.

Kapitel 5 Fazit: Jenseits des Jackpots
Während John Thompson dachte, dass ein Lottogewinn die größte Chance auf Glück wäre, stellte sich heraus, dass es eine ernüchternde Lektion in der Komplexität von Wahrheit, Liebe, Vertrauen und Geld war. Das Leben nach seinen Millioneneinnahmen ist eine Erinnerung daran, dass Glück oft nicht in der Anhäufung von Reichtum liegt, sondern in der Stärke von Beziehungen und gemeinsamen Werten.

Infolgedessen bietet diese Geschichte anderen eine wertvolle Lektion: Echt zu gewinnen ist mehr als Zahlen. Es geht darum, Verbindungen aufrechtzuerhalten, die unser Leben wirklich bereichern; Wie diese Geschichte zeigt, können Verbindungen manchmal auf unerwartete Weise auf die ultimative Probe gestellt werden.

17. Fat Man From the bOok One night, One bar, One life by Cemal Yazıcı

People were sitting at the tables chatting. There was a loud music sound compared to other days. The two young girls were having fun with each other, trying to walk without stepping on the black checkers on the ground. They took turns walking while their friends watched and laughed. The rule of the game was to get all the way to the bar by simply stepping on the white pieces. The person who lost the game would buy drinks for the other five people. The girl in a white shirt with long blonde hair jumped over the stones with her long legs and approached the bar.

The short, curly-haired, bespectacled girl fell to the ground every two steps and made her friends laugh. His white and yellow sneakers caught my attention, a paper stuck to the bottom of his shoe, and when the girl fell to the ground, he straightened the paper with his hand and stuck it back under his shoe. I could understand what he wanted to do, his friends at the table were writing down the drinks that the loser should have ordered for his friends and giving them to the girls. Thanks to the dim light inside, the view of the bar from afar looked quite pleasing to these girls' eyes. Since the bar stools in the form of tree branches were adjacent to the bar and there were papers and bells on the branches of this tree, people were forcing themselves to reach here. When I looked at the other tables, I saw that groups of two or three people usually sat at the tables. While wiping the washed glasses in my hands, I was also browsing the tables. A man and a girl, who were obviously newlyweds, were kissing each other on the head and taking pictures almost every minute. He was a tall, broad-shouldered brunette man, and this man, who was about forty years old, must have loved the girl very much, and the girl was a very well-groomed girl, her hair, makeup, and blue eyes could attract anyone's attention.

This couple, who were satisfied with their situation, called out to me after a while, and the two of them came to me together and asked for two whiskeys, I took a few steps to get the bottle in the corner of the bar, and in the meantime, there was a sound from the rattles on the branches. Someone was waving the bells with all their might, and before I had to guess who it was, he called out to me. The girl with curly hair, glasses and sneakers had lost the game and handed me the list in her hand. Laughing, I picked up the paper and offered him a fruit cocktail that I had prepared beforehand.

The girl was quite calm and tired as she walked towards her friends who were sitting at the table. After opening the bottle and filling the whiskeys into glasses, I handed it to the couple standing in front of me and taking photos, they thanked me and left. By the way, the door opened, when the door of the bar was closed, we could not see outside, I wanted this to be the way it was because this was the concept of this place, people were stepping into a world that I call utopia from the moment they entered here. And they were cutting off their contact with the outside world. When I read the paper, I saw that they only wanted vodka. I bent down to the floor and opened the closet door. I took the vodka bottle here and straightened up again. I could move freely because my shoes were quite light. I specifically chose these shoes because I was on my feet for a long time. As always, I straightened my hair, and although I thought from time to time about cutting my hair, which I tied at the back, I did not dare to do so. After preparing the drinks, I put the glasses on a tray with the name of the bar on it and rang the bells as usual. People were used to me by now, whenever I rang the bells, they would come to the bar to take their orders. A medium-sized, overweight young man got up from his seat and approached me.

This young man in a black t-shirt and white shorts looked quite cute. He took money out of his brown wallet and handed it to me. According to the rules of the game, the girl who lost the game had to pay the bill, but this boy obviously didn't want to make the girl pay the bill. After thanking him, I helped him hold the tray. As I made my way to his place, I saw a couple sitting at the farthest table approaching me. They were both smiling, I had given these couple two glasses of wine an hour earlier and personally carried them to their table. These couple, who were both very polite, were about fifty years old, and they came here five times a year, and the lady always wore a red dress and was conspicuous with her red lipstick. The man who had retired would always leave me a tip and thank me for the wine, and I would always serve this couple the best quality wine. The wines I brought specially from France were very popular. I had special red glasses made according to the color of the wine, the glasses of the white wine were triangular in shape, and these glasses, which were made of crystal, looked very elegant and had the brand and history of the wine written on them. I turned down the volume of the music a little and changed the color of the lights, I wanted to create a calmer environment because it was time to enter utopia. I was thinking about the dream I had as I continued to wipe glasses behind the bar, I wondered what that girl was doing now, but I had never met her, this girl reminded me of a customer who stayed at the hotel last week. He had come here from Germany.

I left the bar and headed to wipe down the table at the far back on the left. The French lady who had been coming to the bar for a few days greeted me with a laugh. As usual, he came alone and accompanied the music that was playing. As I walked past him and approached the back table, I was reminded of the importance of this table. This was a table painted wood and black, with pink chairs that attracted customers. The importance of the table was that every sitting person wrote their wishes on the table, this table became a wish tree. This table at the very back, under the dim light, was the table for couples who wanted to be alone. I sighed as I wiped the table, this meant that working alone in the bar meant that I had to do all the cleaning and maintenance work by myself. It could be overwhelming at times, but I loved my job. As I began to lift the glasses from the table, the door opened and a tall, burly man wearing a plaid shirt walked in, and there was a look of surprise on the man's face as he began to look around with a puzzled look. One of the men sitting at the table near the door warned the man, who forgot to close the door at first, and reminded him to close the door. He pointed to the pistachio green inscription hanging on the wall and said, "Utopia Angle 42." Recovering from the initial shock, the man continued walking towards the bar and sat down on the bar stool on the far right. I continued to clear the table, looking at the man from time to time. I continued to clean it, looking at the man from time to time, curiously looking at the bottles lined up on the shelf. I couldn't help but wonder what brought him here tonight. It was obvious that he was the mysterious person tonight, this man who was clearly comfortable on the stool waiting for me to arrive, and in order not to keep him waiting, I finished my work and started walking towards the bar. I made eye contact with him and greeted him with my right hand. When I took my seat, I put down what I had and started to take care of this man who was sitting sadly in front of me. A few minutes later, he finally spoke. 'Can I have a whiskey, please?' he said His voice was deep and harsh, but there was a hint of sadness in him. I nodded and poured him a glass and placed it in front of him. He took a sip and sighed contentedly. "Thank you," he said as he looked at me with tired eyes. I smiled and continued to do my job while he drank his whiskey because the French lady had come and wanted me to give her another drink. I handed a crystal glass towards her, by the way, pointing to the man who came in, he said, "Can you please give me another one?" After delivering their orders, they left me to go to their table, and they did not neglect to ring the bells and shake the tree branches as they left.

It looked like the guy sitting across from me needed someone to talk to, so I decided to start a conversation with him. 'I think it's been a long day?' I called out to him, trying to break the silence. He chuckled bitterly. 'You have no idea. It was a difficult event,' he said. I nodded sympathetically. 'I know what it feels like. Working in a bar can be challenging, especially if you're the only person running the bar. He raised an eyebrow. 'Do you own this place?' he asked, and he continued, 'It must be a difficult job.' Maybe, but I love this job, I replied with a smile. 'What about you? What are you doing? I continued to speak, in the meantime, I turned around and took the bottle on the shelf, it was a red wine, and I bought it from my friend's winery 4 years ago, I took a small glass from the counter, filled the glass with some of this wine, and rang the bells. It was a young man who raised his first hand in excitement and came running up to me, took the glass and thanked me and left. This was my way of communicating with the customers, and they began to applaud in unison, expressing their satisfaction in this way and promising to abide by the rules of utopia. Our rules were that no one would speak out loud and that they would be cut off from the real world and immersed in a utopian bar. The fat man sitting across from me had run out of drinks, and I gave him a new drink. Meanwhile, other people were coming to the bar and sitting down and getting up, but my attention was on this fat man. This fat man had relaxed a little and adjusted to the atmosphere, I was sure now, this was my first customer tonight, he looked at me with his eyes and started talking to me.

I am a truck driver. "I've been on the road for weeks, I just needed a break and my wife and I decided to come to Malta," he said. The man's arms and face were red from the sun. He sighed and took another sip of his drink. We fell into a relaxed conversation, talking about our work and life in general. As the night progressed, more and more customers came in and I had to take care of them. But the guy stayed at the bar, finished his drink and ordered another one. He started telling me about his wife, I had a feeling that he was going to tell me about his problem, and I rang the bells, and the people standing inside understood what I meant and took their seats. He was looking around as he mentioned that his wife was angry with him and they were fighting and he was very upset. This man, whose name was Alfonso, was a sick and fat man who needed to go on a diet. Alfonso had sat by the pool all day, enjoying sandwiches he had secretly bought from the hotel's restaurant. This man, who left his wife alone all day, ate a lot of food without getting up from his seat, and this man, who had avoided his wife all day by making various excuses, finally had to go to the hotel doctor. Suddenly, a sharp cry made the doctor's office groan. The dear fat man turned around and saw Camilla coming towards him at a rapid pace, anger radiating from Camilla's large torso. Although the man's wife was a burly man, she swam and dieted all day long. His wife shouted angrily at him, "What does this mean, Alfonso? The woman scolded the man, her voice trembling with anger. Alfonso giggled nervously, "Oh, Camilia! It's not what it seems. I'm just..." He said and fell silent. By this time, the doctor had finished his work and had given him the medicines he needed to use, and the doctor was looking at this husband and wife in confusion and verbally stating that they should leave now.

The woman continued to speak when she went out, trying to express to her husband how sad and confused she was. The woman said to the man, "I knew something was wrong when you kept complaining about the hotel's food." Because Alfonso said that he was on a diet not to eat vegetables and fruits and did not want to eat anything, but when he was alone, he constantly ate fast food. Alfonso paused for a moment. This man's face was sullen and he took a sip of liquor to relax, then coughed to continue talking, this burly man was obviously feeling remorse from his excited face. Alfonso struggled to find the right words, and then his eyes flashed with a mischievous sparkle. "Stop! I have a surprise for you," and she took out a nice box from her bag. It was a red rectangular hollow box, Alfonso looked at it for a while, then opened the box, inside which was his wife's favorite flower, the red rose. Alfonso had plucked this rose from the garden of the restaurant, unfortunately he didn't even bother to go to the flower shop. This man's entire time was spent eating at the restaurant. Such a strange and funny man was the most important customer tonight because I was more concerned about serving drinks to people in this bar. At first, I thought that an expensive gift would come out of that box, but I was wrong. Maybe I'm asking too much because this guy is both funny and inconsiderate. He had a request for me, he wanted me to call his wife's room and invite her here, but he didn't know what to do. Normally, I don't do that, but it was a bit complicated and I had to help him. I turned to the right side of the bar and picked up the phone that was on the shelf, which was here for emergencies, and this was the first time I needed it for such a strange job. After picking up the phone, I phoned him to his room. The person who answered the phone was speaking in a very calm tone, and I introduced myself to him and invited him to the bar. Although he didn't want to come at first, he was convinced to come later and we agreed to meet in 20 minutes and I hung up. I paused for a moment before turning around and took time to think, the man sitting across from me was asking me to do something for him.

The rainbow-colored glasses on the top shelf caught my eye, I was using these glasses on special occasions. These interestingly colored glasses attracted people's attention. Even though my feet hurt, I managed to reach for the rack and grabbed the two cups. The man sitting in front of me, looking helplessly at me, suddenly smiled and said you are wonderful, his tone showed how happy he was. I handed him a blue and heavy notebook with cocktail recipes in the drawer with a smile, he hit the bells first and then he stood up and took another sip of his drink and sat down again by hitting the cymbals. It was my turn to ring the bells, some of the people here called these bells and some people called them doorbells, we were communicating here with these bells and each person definitely showed their interest in these branches once. Five minutes later, I approached the man and said yes, I asked him if he had decided, and I was very surprised. Because this man really cared about his wife and was very sorry that he had angered her. Before I started making the cocktail that he had told me, I showed him a table and gave him a cloth and told him to go and wipe that table. The man was as excited as a child and jumped up from his seat, his right foot caught on the stool, he almost fell, when other people saw a customer wiping a table, they started applauding him and turned to look at me. In the meantime, I quickly hit the bells and there was a silence inside, as soon as people looked at me, I made an announcement. I said, guys, we have ten minutes and you all have to help me. Everyone who was inside started walking towards me, a few people stepping on checkers, some bouncing towards the bar. I stopped for a moment, straightened my hair, took the perfume I always had with me and gave it to the girl standing in front of me. This girl was an old client of mine and she knew she had to do it. I turned up the volume on the music and changed the color of the lights, and now everything was bright and the dim light just before had disappeared. I walked out of the bar with rose petals in my hand, I managed to make my way to the table with black checkers, and everyone applauded me enthusiastically. The table had been wiped by the fat and romantic man, the other girl started to spill the rose petals on the floor and went all the way to the door, taking the candles from the tables, we decorated the table with candles and the expected moment came, the door slowly opened.

We all looked towards the door, curiously and excitedly, and the expected person had arrived. I went inside the bar again, and the music was playing loud and beautiful, and it became even more enthusiastic with the woman's entrance. Under the influence of roses and candles spilling on the floor, romance and excitement filled the woman, it was not difficult to understand. People were gathered around a table, chatting while sipping their drinks. Tonight, with their help, we created a very nice atmosphere. As she walked in the middle of the bar, everyone was looking at her with admiring looks, she was very elegant and cute. She was noted for her dancing and charm while walking. Everyone took their seats and sat down, I was starting to make the cocktail, the woman who made eye contact with her husband hugged her husband after a while and at that moment all the lights went out. People were shouting with joy. I turned down the music and turned on the dim lights to restore the atmosphere of the bar, they sat holding hands, lots of candles burning on the table. I started to fill the cocktail into the rainbow-colored glasses in my hand. I wanted to offer them a cake. A little while ago, while the man was reading the menu, I called my friend who works in the hotel kitchen and asked him to bring me a strawberry cake.

The waiter carrying the cake with candles on it went inside, and in the meantime, everyone lit the sparklers in their hands. There was something to surprise people in every corner of the bar, and the sparkler was one of the beauties. Accompanied by applause, a flamboyant strawberry cake filled with candles was placed on the table. Now we had succeeded, the outcome of this work would be determined by the attitude of the man, this man would either win hearts or annoy his wife by eating cake. At this time, the quarrel between the husband and wife was also forgotten.

The romantic music playing at the bar, the dim light emitted and the peaceful atmosphere eliminated all the tension between the two. The strawberry cake on the table was not only a dessert, but also a reconciliation dish. Husband and wife forgot about their problems and made the love between them even stronger. During their stay at the bar, they recalled the value they had given each other during their time working together. They believed that this small but meaningful moment would have a positive impact on the pair's relationship. By the way, they cut the cake together and hugged each other, and I realized the importance of what I was doing and I was proud of myself for running such a bar. Camilia's lips smiled and she laughed heartily. "I forgive you. But no more secret sandwiches! I love you, fat man said

17. Dicker Mann

Die Leute saßen an Tischen und unterhielten sich. Es gab einen lauten Musikklang im Vergleich zu anderen Tagen. Die beiden jungen Mädchen amüsierten sich miteinander und versuchten zu gehen, ohne auf die schwarzen Spielsteine auf dem Boden zu treten. Sie wechselten sich beim Gehen ab, während ihre Freunde zusahen und lachten. Die Spielregel bestand darin, die Bar zu erreichen, indem man auf die weißen Figuren trat. Die Person, die das Spiel verlor, kaufte Getränke für die anderen fünf Personen. Das Mädchen in einem weißen Hemd mit langen blonden Haaren näherte sich der Bar und sprang mit ihren langen Beinen über die Steine.

Das kleine, lockige Mädchen mit der Brille fiel alle zwei Schritte zu Boden und brachte ihre Freundinnen zum Lachen. Seine weiß-gelben Turnschuhe erregten meine Aufmerksamkeit, ein Papier klebte an der Unterseite seines Schuhs, und als das Mädchen zu Boden fiel, richtete er das Papier mit der Hand auf und steckte es wieder unter seinen Schuh. Ich konnte verstehen, was er vorhatte, seine Freunde am Tisch schrieben die Getränke auf, die der Verlierer seinen Freunden bestellen sollte, und gaben sie den Mädchen. Dank des gedämpften Lichts im Inneren sah der Blick auf die Bar aus der Ferne für die Augen der Mädchen recht angenehm aus. Da die Barhocker in Form von Ästen an die Bar angrenzten und sich Papiere und Glocken in den Ästen dieses Baumes befanden, zwangen sich die Menschen, hierher zu gelangen. Als ich mir die anderen Tische ansah, sah ich, dass an den Tischen meist Gruppen von zwei oder drei Personen saßen. Ich ging um die Tische herum und wischte die gewaschenen Gläser mit meinen Händen ab. Ein Mann und ein Mädchen, offensichtlich frisch verheiratet, küssten sich fast im Minutentakt gegenseitig auf den Kopf und machten Fotos. Er war ein großer, breitschultriger, dunkelhäutiger Mann, und dieser Mann, der etwa vierzig Jahre alt war, musste das Mädchen sehr geliebt haben, sie war auch ein sehr gepflegtes Mädchen, ihre Haare, ihr Make-up und ihre blauen Augen waren blendend. ziehen Sie die Aufmerksamkeit aller auf sich.

Dieses Paar, das mit seiner Situation zufrieden war, rief nach einer Weile nach mir, und sie kamen beide auf mich zu und fragten nach zwei Whiskys, ich machte ein paar Schritte, um die Flasche in die Ecke der Bar zu holen, und in diesem Moment begann man das Geräusch von Rasseln an den Zweigen zu hören. Jemand schwenkte die Glocken mit aller Kraft, und bevor ich erraten musste, wer er war, rief er nach mir. Das Mädchen mit den lockigen Haaren, der Brille und den Turnschuhen hatte das Spiel verloren und reichte mir die Liste. Lachend hob ich das Papier auf und bot ihm den Fruchtcocktail an, den ich vorher zubereitet hatte.

Das Mädchen war ganz ruhig und müde, als sie auf ihre Freunde zuging, die am Tisch saßen. Nachdem ich die Flasche geöffnet und die Whiskys in Gläser gegossen hatte, reichte ich sie dem Paar, das vor mir stand und ein Foto machte, sie bedankten sich und gingen. Übrigens, die Tür öffnete sich, und als die Tür der Bar geschlossen war, konnten wir nicht nach draußen sehen, ich wollte, dass es so ist, denn das war das Konzept dieses Ortes, die Leute traten in eine Welt ein, die ich nannte. Utopie von dem Moment an, als sie hier eintraten. Und sie kappten ihre Verbindung zur Außenwelt. Als ich die Zeitung las, sah ich, dass sie nur Wodka wollten. Ich bückte mich und öffnete die Schranktür. Ich nahm die Flasche Wodka hier und richtete mich wieder auf. Da meine Schuhe recht leicht waren, konnte ich mich frei bewegen. Ich habe mich speziell für diese Schuhe entschieden, weil ich schon lange stehe. Wie üblich glättete ich meine Haare und dachte gelegentlich darüber nach, meine Haare zu schneiden, die ich hinten zusammengebunden hatte, aber ich traute mich nicht. Nachdem ich die Getränke zubereitet hatte, stellte ich die Gläser auf das Tablett mit dem Namen der Bar darauf und läutete wie gewohnt die Glocken. Die Leute waren inzwischen an mich gewöhnt, wenn ich klingelte, kamen sie an die Bar und nahmen ihre Bestellungen auf. Ein mittelgroßer, übergewichtiger junger Mann erhob sich von seinem Sitz und kam auf mich zu.

Dieser junge Mann in einem schwarzen T-Shirt und weißen Shorts sah ziemlich süß aus. Er nahm das Geld aus seiner braunen Brieftasche und reichte es mir. Nach den Spielregeln musste das Mädchen, das Spiel verloren hatte, die Rechnung bezahlen, aber es war klar, dass dieser Junge das Mädchen nicht dazu bringen wollte, die Rechnung zu bezahlen. Nachdem ich ihm gedankt hatte, half ich ihm, das Tablett zu halten. Als ich mich auf den Weg zu seinem Haus machte, sah ich ein Paar, das am hintersten Tisch saß und auf mich zukam. Sie lächelten beide, und ich hatte dem Paar eine Stunde zuvor zwei Gläser Wein gegeben und sie persönlich an ihren Tisch gebracht. Dieses Ehepaar, beide recht höflich, waren etwa fünfzig Jahre alt und kamen fünfmal im Jahr hierher, und die Dame trug immer ein rotes Kleid und fiel durch ihren roten Lippenstift auf. Der Rentner hat mir immer ein Trinkgeld gegeben und sich für den Wein bedankt, und ich habe diesem Paar immer den besten Wein serviert. Die Weine, die ich extra aus Frankreich mitgebracht habe, waren sehr beliebt. Ich ließ spezielle rote Gläser nach der Farbe des Weins anfertigen, die Gläser des Weißweins hatten eine dreieckige Form und diese Gläser, die aus Kristall waren, sahen sehr stilvoll aus und hatten die Marke und das Datum des Weins darauf geschrieben. Ich drehte die Lautstärke der Musik ein wenig herunter und änderte die Farbe der Lichter, ich wollte eine ruhigere Umgebung schaffen, denn es war an der Zeit, die Utopie zu betreten. Ich dachte an den Traum, den ich hatte, als ich hinter der Bar immer wieder die Gläser abwischte und mich fragte, was dieses Mädchen jetzt tat, aber ich hatte sie noch nie getroffen. Dieses Mädchen erinnerte mich an einen Kunden, der letzte Woche im Hotel übernachtet hatte. Er war aus Deutschland hierher gekommen.

Ich verließ die Bar und machte mich auf den Weg, um den hintersten Tisch auf der linken Seite abzuwischen. Die Französin, die schon seit ein paar Tagen in die Bar kommt, begrüßte mich mit einem Lächeln. Wie üblich kam er alleine und begleitete das Musizieren. Als ich vorbeiging und mich dem hinteren Tisch näherte, kam mir die Bedeutung dieses Tisches in den Sinn. Es handelte sich um einen schwarz lackierten Tisch aus Holz und rosa Stühlen, der Kunden anzog. Die Bedeutung des Tisches bestand darin, dass jeder, der sich hinsetzte, seine Wünsche auf den Tisch schrieb, dieser Tisch verwandelte sich in einen Wunschbaum. Dieser Tisch ganz hinten, unter dem gedämpften Licht, war der Tisch für Paare, die allein sein wollten. Ich seufzte, als ich den Tisch abwischte, was bedeutete, dass ich allein an der Bar arbeiten musste, was bedeutete, dass ich alle Reinigungs- und Wartungsarbeiten selbst erledigen musste. Es konnte manchmal überwältigend sein, aber ich liebte meinen Job. Als ich anfing, die Gläser vom Tisch zu heben, öffnete sich die Tür und ein großer, stämmiger Mann in einem karierten Hemd trat ein, und der Mann schaute sich mit einem verwirrten Gesichtsausdruck um und hatte einen Ausdruck der Überraschung auf seinem Gesicht. Einer der Männer, der am Tisch neben der Tür saß, warnte den Mann, der zuerst vergessen hatte, die Tür zu schließen, und erinnerte ihn daran, die Tür zu schließen. Er zeigte auf die pistaziengrüne Inschrift, die an der Wand hing, und sagte: "Utopia Angle 42." Nachdem er sich von dem ersten Schock erholt hatte, ging der Mann weiter in Richtung Bar und setzte sich auf den Barhocker ganz rechts. Ich fuhr fort, den Tisch abzuräumen und sah den Mann von Zeit zu Zeit an. Ich räumte weiter auf, schaute von Zeit zu Zeit auf den Mann, schaute neugierig auf die Flaschen, die auf dem Regal aufgereiht waren. Ich konnte nicht anders, als mich zu fragen, was ihn heute Abend hierher gebracht hat. Es war offensichtlich, dass er heute Abend die mysteriöse Person war, dieser Mann, der gemütlich darauf wartete, dass ich auf den Hocker kam, um ihn nicht warten zu lassen, beendete ich meine Arbeit und ging in

Richtung Bar. Ich nahm Blickkontakt mit ihm auf und begrüßte ihn mit meiner rechten Hand. Als ich meinen Platz einnahm, ließ ich los, was ich hatte, und begann diesen Mann anzusehen, der traurig vor mir saß. Ein paar Minuten später sprach er endlich. »Kann ich bitte einen Whisky trinken?« Er sagte, seine Stimme sei tief und rau gewesen, aber es sei ein Hauch von Traurigkeit in ihm gewesen. Ich nickte, schenkte ihm ein Glas ein und stellte es vor ihn hin. Er nahm einen Schluck und seufzte zufrieden. "Danke", sagte er und sah mich mit müden Augen an. Ich lächelte, während er seinen Whisky trank und meine Arbeit weiter machte, denn die Französin wollte, dass ich ihr noch etwas zu trinken gebe. Also gab ich ihm ein Kristallglas, und er zeigte auf den Mann, der hereinkam, und sagte: "Können Sie mir bitte noch eines geben?" Nachdem sie ihre Bestellungen aufgegeben hatten, setzten sie mich ab, um zu ihrem Tisch zu gehen, und sie vergaßen nicht, die Glocken zu läuten und die Äste zu schütteln, während sie gingen.

Der Mann, der mir gegenüber saß, schien jemanden zum Reden zu brauchen, also beschloss ich, mit ihm zu plaudern. "Ich glaube, es war ein langer Tag?" Ich rief ihm zu, er solle das Schweigen brechen. Er kicherte bitter. "Du hast keine Ahnung. Es war eine schwierige Veranstaltung", sagte er. Ich nickte verständnisvoll. "Ich weiß, wie es sich anfühlt. Die Arbeit in einer Bar kann eine Herausforderung sein, vor allem, wenn du der einzige bist, der die Bar betreibt. Er hob eine Augenbraue: "Gehört Ihnen dieser Ort?" und fuhr fort: "Es muss harte Arbeit sein." Vielleicht, aber ich liebe diesen Job, antwortete ich mit einem Lächeln: "Was machst du da? In der Zwischenzeit redete ich weiter, ich hob die Flasche auf dem Regal auf, es war Rotwein. Ich habe es vor 4 Jahren im Weingut meines Freundes gekauft, ich nahm ein kleines Glas von der Theke, ich füllte das Glas mit etwas von diesem Wein und läutete die Glocken, es war ein junger Mann, der aufgeregt seine erste Hand hob und angerannt kam. Er kam auf mich zu, nahm das Glas und bedankte sich, und so kommunizierte ich mit den Kunden, und alle fingen an zu klatschen, drückten auf diese Weise ihre

Zufriedenheit aus und versprachen, sich an die Regeln der Utopie zu halten. Unsere Regeln lauteten, dass niemand laut sprechen durfte und dass er von der realen Welt abgeschnitten und in einer utopischen Bar begraben werden würde. Dem dicken Mann, der mir gegenüber saß, waren die Getränke ausgegangen, also gab ich ihm ein neues Getränk. In der Zwischenzeit kamen andere an die Bar, setzten sich und standen auf, aber meine Aufmerksamkeit galt diesem dicken Mann. Dieser dicke Mann war ein wenig entspannt und an die Umgebung gewöhnt, jetzt war ich mir sicher, das war mein erster Kunde heute Abend, er schaute mich mit seinen Augen an und fing an, mit mir zu reden.

Ich bin LKW-Fahrer. "Ich war wochenlang unterwegs, ich brauchte eine Pause, und meine Frau und ich beschlossen, nach Malta zu kommen", sagte er. Die Arme und das Gesicht des Mannes waren rot von der Sonne. Er seufzte und nahm einen weiteren Schluck von seinem Getränk. Wir schwelgten in einem lockeren Gespräch und sprachen über unsere Arbeit und das Leben im Allgemeinen. Im Laufe der Nacht kamen immer mehr Kunden herein und ich musste mich um sie kümmern. Aber der Typ blieb an der Bar, trank seinen Drink aus und bestellte noch einen. Er fing an, mir von seiner Frau zu erzählen, ich fühlte, dass er mir von seinen Problemen erzählen würde, ich läutete die Glocken, die Leute, die drinnen standen, verstanden, was ich meinte und nahmen Platz. Er schaute sich um, als er sagte, dass seine Frau wütend auf ihn sei, dass sie sich stritten und dass er sehr verärgert sei. Dieser Mann, der Alfonso hieß, war ein kranker und dicker Mann, der eine Diät machen musste. Alfonso hatte den ganzen Tag am Pool gesessen und Sandwiches genossen, die er heimlich im Hotelrestaurant gekauft hatte. Dieser Mann, der seine Frau den ganzen Tag allein ließ, viel aß, ohne von seinem Sitz aufzustehen, und sich den ganzen Tag von seiner Frau fernhielt, indem er verschiedene Ausreden vorbrachte, musste schließlich zum Hotelarzt. Plötzlich ließ ein scharfer Schrei die Arztpraxis aufstöhnen. Der liebe dicke Mann drehte sich um und sah Camilla mit schnellen Schritten auf sich zukommen; Wut ging von

Camillas großem Oberkörper aus. Obwohl die Frau des Mannes ein großer Mann war, schwamm sie den ganzen Tag und machte Diät. Seine Frau schrie ihn wütend an: "Was soll das heißen, Alfonso?"

Die Frau schimpfte mit dem Mann, ihre Stimme zitterte vor Wut. Alfonso kicherte nervös: "Oh, Camilia! Es ist nicht das, was es zu sein scheint. Ich bin nur..." Sagte er und verstummte. Zu diesem Zeitpunkt hatte der Arzt seine Arbeit beendet und ihm die Medikamente gegeben, die er brauchte, und der Arzt sah den Mann und die Frau überrascht an und sagte ihnen mündlich, dass sie jetzt gehen müssten.

Als die Frau herauskam, sprach sie weiter und versuchte ihrem Mann zu sagen, wie traurig und verwirrt sie war. Die Frau sagte zu dem Mann: "Ich wusste, dass etwas nicht stimmte, als er sich ständig über das Essen im Hotel beschwerte." Denn Alfonso sagte, dass er auf Diät war, kein Gemüse und Obst zu essen und nichts essen wollte, aber wenn er alleine war, aß er ständig Fast Food. Alfonso hielt einen Augenblick inne. Das Gesicht dieses Mannes war mürrisch und er nahm einen Schluck von seinem Getränk, um sich zu entspannen, dann hustete er, um weiter zu reden, dieser stämmige Mann bereute offensichtlich sein aufgeregtes Gesicht. Alfonso rang um die richtigen Worte, und dann funkelten seine Augen schelmisch. »Halt! Ich habe eine Überraschung für dich", und sie holte eine schöne Schachtel aus ihrer Tasche. Alfonso starrte sie einen Moment lang an, dann öffnete er die Schachtel mit der Lieblingsblume seiner Frau, der roten Rose. Alfonso hatte diese Rose aus dem Garten des Restaurants gepflückt, leider machte er sich nicht einmal die Mühe, in den Blumenladen zu gehen. Dieser Mann verbrachte die ganze Zeit damit, im Restaurant zu essen. Was für ein seltsamer und lustiger Mann, er war der wichtigste Kunde heute Abend, weil ich mehr daran interessiert war, den Leuten in dieser Bar Getränke zu servieren. Zuerst dachte ich, dass ein teures Geschenk aus der Schachtel kommen würde, aber ich habe mich geirrt. Vielleicht verlange ich zu viel, weil dieser Typ sowohl lustig als auch rücksichtslos ist. Er hatte eine Bitte für mich, er wollte, dass ich das Zimmer seiner

Frau anrufe und sie hierher einlade, aber er wusste nicht, was er tun sollte. Normalerweise mache ich das nicht, aber es war ein bisschen kompliziert und ich musste ihm helfen. Ich drehte mich auf die rechte Seite der Bar und nahm das Telefon auf dem Regal ab, das hier für Notfälle stand, und es war das erste Mal, dass ich es für einen so seltsamen Job brauchte. Nachdem ich den Hörer abgenommen hatte, rief ich ihn in sein Zimmer. Die Person, die den Anruf entgegennahm, sprach in einem sehr ruhigen Ton, also stellte ich mich ihm vor und lud ihn in die Bar ein. Obwohl er zuerst nicht kommen wollte, war er überzeugt, später zu kommen, und wir einigten uns auf ein Treffen in 20 Minuten und ich legte auf. Ich hielt einen Moment inne und nahm mir Zeit zum Nachdenken, bevor ich mich umdrehte, der Mann, der mir gegenüber saß, bat mich, etwas für ihn zu tun.

Die regenbogenfarbene Brille auf dem obersten Regal ist mir ins Auge gefallen, ich habe diese Brille zu besonderen Anlässen getragen. Diese interessanten farbigen Gläser zogen die Aufmerksamkeit der Menschen auf sich. Obwohl meine Füße schmerzten, schaffte ich es, nach dem Regal zu greifen und die beiden Tassen zu greifen. Der Mann, der mir gegenüber saß, schaute mich hilflos an, lächelte plötzlich und sagte, du bist unglaublich, sein Tonfall zeigte, wie glücklich er war. Lächelnd reichte ich ihm ein dickes blaues Notizbuch mit Cocktailrezepten in der Schublade, er drückte zuerst auf die Glocken, stand dann auf, nahm einen weiteren Schluck von seinem Getränk und setzte sich wieder hin und schlug auf die Becken. Ich war an der Reihe, die Glocken zu läuten, einige der Leute hier nannten diese Glocken, andere nannten sie die Türklingeln, wir kommunizierten mit diesen Glocken hier, und jeder hatte irgendwann sein Interesse an diesen Zweigen gezeigt. Fünf Minuten später ging ich auf den Mann zu und bejahte, fragte ihn, ob er sich entschieden habe, und ich war sehr überrascht. Denn dieser Mann hat sich wirklich um seine Frau gekümmert und es zutiefst bereut, sie wütend gemacht zu haben. Bevor ich anfing, den Cocktail zuzubereiten, erzählte er mir, zeigte ich ihm einen Tisch, gab ihm ein Tuch und sagte ihm, er solle gehen und den Tisch abwischen. Der Mann sprang von seinem Sitz auf, aufgeregt wie ein Kind, sein rechter Fuß blieb auf dem Hocker hängen, er fiel fast, als andere Leute sahen, wie ein Kunde den Tisch abwischte, fingen sie an, ihm zu applaudieren und drehten sich um, um mich anzusehen. Zu diesem Zeitpunkt drückte ich schnell auf die Glocken und es herrschte Stille im Inneren, ich machte eine Durchsage, sobald die Leute mich ansahen. Leute, wir haben zehn Minuten Zeit, und ich habe gesagt, dass ihr mir alle helfen müsst. Alle drinnen liefen auf mich zu, ein paar Leute traten auf Dame und einige sprangen in Richtung Bar. Ich hielt einen Moment inne, glättete meine Haare, nahm das Parfüm, das ich immer bei mir hatte, und gab es dem Mädchen, das vor mir stand. Dieses Mädchen war eine alte Kundin von mir und sie wusste, dass sie es tun musste. Ich drehte die Lautstärke der Musik auf und änderte die Farbe des Lichts, alles war jetzt hell und das schwache Licht war gerade verschwunden. Ich verließ die Bar mit Rosenblättern in der Hand, schaffte es, mich auf den Weg zum schwarz karierten Tisch zu machen, und alle applaudierten mir enthusiastisch. Der dicke und romantische Mann hatte den Tisch abgewischt, das andere Mädchen fing an, die Rosenblätter auf den Boden zu schütten und ging den ganzen Weg zur Tür, nahm die Kerzen von den Tischen, wir dekorierten den Tisch mit Kerzen und der erwartete Moment kam, die Tür öffnete sich langsam.

Wir alle blickten neugierig und aufgeregt zur Tür, und die erwartete Person war eingetroffen. Ich ging zurück in die Bar, die Musik spielte laut und schön, die Atmosphäre wurde noch enthusiastischer, als die Frau eintrat. Unter dem Einfluss von Rosen und Kerzen, die auf den Boden fielen, war die Frau von Romantik und Aufregung erfüllt, es war nicht schwer zu verstehen. Die Menschen waren um einen Tisch versammelt und unterhielten sich, während sie an Getränken nippten. Heute Abend haben wir mit ihrer Hilfe eine sehr schöne Atmosphäre geschaffen. Als sie in der Mitte der Bar ging, schauten alle sie mit bewundernden Blicken an, sie war so liebenswürdig und süß. Sie war bekannt für ihren Tanz und ihren Charme beim Gehen. Alle nahmen ihre Plätze ein und setzten sich, ich fing an, den Cocktail zu machen, die Frau, die Augenkontakt mit ihrem Mann aufnahm, umarmte ihren Mann nach einer Weile und in diesem Moment gingen alle Lichter aus. Die Menschen schrien vor Freude. Um die Atmosphäre der Bar wiederzubeleben, drehte ich die Musik leiser und das gedämpfte Licht an, sie saßen Händchen haltend, ein Haufen Kerzen brannten auf dem Tisch. Ich fing an, den Cocktail in die regenbogenfarbenen Gläser in meiner Hand zu füllen. Ich wollte ihnen Kuchen anbieten. Kurz bevor der Typ die Speisekarte las, rief ich meinen Freund an, der in der Hotelküche arbeitet, und bat ihn, mir einen Erdbeerkuchen zu bringen.

Der Kellner, der den Kuchen mit den Kerzen darauf trug, trat ein, und zu diesem Zeitpunkt zündeten alle die Wunderkerzen in ihren Händen an. In jeder Ecke der Bar gab es etwas, das die Leute überraschte, und die Wunderkerze war eine der Schönheiten. Unter Applaus wurde ein üppiger, mit Kerzen gefüllter Erdbeerkuchen auf den Tisch gestellt. Jetzt, da wir es geschafft hatten, würde das Ergebnis dieser Arbeit von der Haltung des Mannes bestimmt werden, dieser Mann würde entweder die Herzen gewinnen oder seine Frau durch das Essen von Kuchen ärgern. Zu dieser Zeit geriet auch der Streit zwischen Mann und Frau in Vergessenheit.

Die romantische Musik, die in der Bar spielte, das gedämpfte Licht und die friedliche Atmosphäre beseitigten alle Spannungen zwischen den beiden. Der Erdbeerkuchen auf dem Tisch war nicht nur ein Dessert, sondern auch ein Versöhnungsgericht. Mann und Frau vergaßen ihre Probleme und stärkten die Liebe zwischen ihnen. Während ihres Aufenthalts in der Bar erinnerten sie sich an die Wertschätzung, die sie einander während ihrer gemeinsamen Zeit entgegengebracht haben. Sie glaubten, dass dieser kleine, aber bedeutungsvolle Moment die Beziehung der beiden positiv beeinflussen würde. In der Zwischenzeit schnitten sie gemeinsam den Kuchen an und umarmten sich, und ich erkannte, wie wichtig das war, was ich tat, und ich war stolz auf mich, dass ich so eine Bar betrieben hatte. Camilias Lippen lächelten und sie lachte aufrichtig. "Ich vergebe dir. Aber keine geheimen Sandwiches mehr! Ich liebe dich, dicker Mann

18. The Unbreakable Spirit of Willow Lane: A Tale of Courage and Community

In the quaint town of Willow Lane, where the streets are lined with blooming cherry blossom trees and the sun casts a golden hue on the vintage houses, lived an elderly couple named Harold and Margaret Whitmore. After having spent more than half a century together, their bond was as strong as the sturdy oak tree that stood in their backyard. They were known for their warmth, generosity, and the famed chocolate chip cookies that drew neighborhood children to their doorstep.

One fateful evening, as the couple settled into their favorite armchairs, surrounded by family photographs and the soft crackle of a fire, an unsettling event unfolded. Unknown to them, a thief had been scouting their home for days. He had noticed their routine: the couple left their doors unlocked during the day, believing it was a safe and trusting community.

With the sun dipping below the horizon, casting long shadows that danced on the walls, the thief made his move. He slipped through the back gate, stealthily approaching the house where the soft light glowed from within. Confident that Harold and Margaret were too absorbed in their evening routine to notice, he quietly reached for the back door.

But unbeknownst to him, this was not merely any ordinary home. As the thief turned the knob, he triggered an unexpected reaction. Margaret, who had always been vigilant despite her age, sensed a presence that was out of place. Her instincts, honed over decades of navigating life's challenges, buzzed with alertness. She quietly alerted Harold, who had served in law enforcement for many years before his retirement.

With remarkable composure and teamwork that had been perfected over time, Harold and Margaret devised a plan. They knew the layout of their home better than any intruder ever could. While Margaret quietly dialed 911, Harold moved swiftly to the darkened hallway, grabbing the sturdy cane that had often supported him during his evening strolls.

As the thief pushed the door open, hoping to catch the couple off guard, he was met with the unexpected. Harold stood resolute, cane in hand, and Margaret, still on the phone with the authorities, projected an air of confidence that made the thief hesitate. It was not the confrontation he anticipated.

"Can I help you?" Harold called out, his voice steady despite the adrenaline coursing through him. The shock of being confronted by two seemingly frail seniors took the thief by surprise. With the wisps of hair framing her face illuminated in the dim light, Margaret's fierce glare challenged the intruder's intentions.

Realizing he had underestimated them, the thief made a split-second decision to retreat. He dashed out the back door, leaping over the fence just as the sound of sirens filled the night air. Harold and Margaret stood together, hearts racing but spirits unbroken, knowing that they had defended their home and their lives.

When the police arrived, they quickly assessed the situation. Harold explained what had transpired, their calm manner lending credibility to their story. The officers praised the couple for their quick thinking and assured them that they would do everything in their power to catch the intruder. Later, the police identified the thief as a repeat offender who had been targeting homes in the area.

The incident stirred the community. Neighbors rallied around Harold and Margaret, organizing a neighborhood watch and sharing their stories to foster a greater sense of security. The Whitmores, who had always been the heart of their street, found that love and support blossomed even stronger in difficult times.

Weeks later, a community gathering was held in honor of Harold and Margaret. They were celebrated not just for their bravery, but also for the enduring spirit of kindness they had instilled in others. It turned into a night filled with laughter, music, and, naturally, plenty of those famous chocolate chip cookies.

In the end, the old couple of Willow Lane showed that even in the face of adversity, love, courage, and community spirit could shine brighter than any darkness. They had turned a potential tragedy into a tale of resilience, reminding everyone that safety lies not just in locks and alarms, but in the trust and vigilance of neighbors who stand together.

18- Der unzerbrechliche Geist von Willow Lane: Eine Geschichte von Mut und Gemeinschaft

In der malerischen Stadt Willow Lane, deren Straßen von blühenden Kirschblütenbäumen gesäumt waren und die Sonne den alten Häusern einen goldenen Farbton verlieh, lebte ein älteres Ehepaar namens Harold und Margaret Whitmore. Nachdem sie mehr als ein halbes Jahrhundert zusammen verbracht hatten, war ihre Bindung so stark wie die robuste Eiche in ihrem Garten. Sie waren bekannt für ihre Wärme, Großzügigkeit und ihre berühmten Schokoladenkekse, die Kinder aus der Nachbarschaft vor ihre Haustür brachten.

An einem schicksalhaften Abend ereignete sich ein beunruhigender Vorfall, als das Paar in ihren Lieblingssesseln saß, inmitten von Familienfotos und dem leisen Knistern des Feuers. Ein unbekannter Dieb hatte tagelang ihr Haus ausspioniert. Ihm war ihre Routine aufgefallen: Das Paar ließ den ganzen Tag über seine Türen offen, weil es glaubte, dass es sich um eine sichere und vertrauenswürdige Gemeinschaft handelte.

Als die Sonne hinter dem Horizont versank und lange Schatten auf die Wände warf, machte der Dieb seinen Zug. Er schlich sich an der Hintertür vorbei ins Haus, wo das sanfte Licht von innen durchschien. Er lag ruhig an der Hintertür und vergewisserte sich, dass Harold und Margaret zu sehr in ihre Abendroutine vertieft waren, um es zu bemerken.

Was er jedoch nicht wusste, war, dass es sich nicht um ein gewöhnliches Haus handelte. Es gab eine unerwartete Reaktion, als der Dieb die Türklinke umdrehte. Trotz ihres Alters war Margaret immer wachsam und fühlte sich ungerechtfertigt präsent. Seine Instinkte, geschärft durch jahrzehntelange Erfahrung im Umgang mit den Herausforderungen des Lebens, flackerten vor Wachsamkeit. Er ermahnte Harold, der vor seiner Pensionierung viele Jahre lang in der Strafverfolgung gedient hatte.

Harold und Margaret entwarfen mit bemerkenswerter Gelassenheit und Teamarbeit einen Plan, der im Laufe der Zeit perfektioniert wurde. Sie kannten den Grundriss ihres Hauses besser als jeder Eindringling es je könnte. Als Margaret leise den Notruf wählte, eilte Harold den dunklen Flur hinunter und griff nach dem robusten Stock, der ihn bei seinen abendlichen Spaziergängen gestützt hatte.

Der Dieb stieß auf etwas Unerwartetes, als er die Tür aufstieß, in der Hoffnung, das Paar zu überrumpeln. Harold blieb standhaft, den Stock in der Hand, und Margaret, die immer noch mit den Behörden telefonierte, strahlte eine Zuversicht aus, die den Dieb hätte zögern lassen. Das war nicht die Begegnung, die er erwartet hatte.

"Kann ich helfen?" rief Harold; Trotz des Adrenalinschubs in ihm war seine Stimme ruhig. Der Schock, zwei scheinbar dünnen Senioren gegenüberzustehen, überraschte den Dieb. Im schwachen Licht leuchteten die Haarsträhnen um ihr Gesicht auf, während Margarets grimmiger Blick die Absichten des Eindringlings herausforderte.

Als der Dieb merkte, dass er sie unterschätzt hatte, beschloss er, sich sofort zurückzuziehen. Als der Klang der Sirenen die Nachtluft erfüllte, sprang er über den Zaun und stürzte durch die Hintertür hinaus. Harold und Margaret standen beisammen, ihre Herzen klopften, aber ihr Geist war unversehrt, denn sie wussten, dass sie ihr Zuhause und ihr Leben verteidigten.

Als die Polizei eintraf, beurteilte sie schnell die Lage. Harold erzählte, was geschehen war, und sein ruhiges Auftreten verlieh seinen Erzählungen Glaubwürdigkeit. Die Beamten lobten das Paar für ihre schnelle Auffassungsgabe und versicherten ihnen, dass sie alles in ihrer Macht Stehende tun würden, um den Eindringling zu fassen. Später stellte die Polizei fest, dass es sich bei dem Dieb um einen Kriminellen handelte, der es auf Häuser in der Umgebung abgesehen hatte.

Der Vorfall erschütterte die Gemeinde. Nachbarn versammelten sich um Harold und Margaret, organisierten eine Mahnwache in der Nachbarschaft und erzählten ihre Geschichten, um ein größeres Gefühl der Sicherheit zu fördern. Die Whitmores waren schon immer das Herz ihrer Straßen und haben gesehen, wie die Liebe und Unterstützung in schwierigen Zeiten stärker geworden ist.

Wochen später fand eine Gemeindeversammlung zu Ehren von Harold und Margaret statt. Sie wurden nicht nur für ihren Mut gefeiert, sondern auch für den unerschütterlichen Geist der Freundlichkeit, den sie anderen einflößten. Es wurde eine Nacht voller Lachen, Musik und natürlich der berühmten Schokoladenkekse.

Am Ende zeigte das ältere Ehepaar von Willow Lane, dass Liebe, Mut und Gemeinschaftsgeist auch im Angesicht von Widrigkeiten heller leuchten können als jede Dunkelheit. Sie verwandelten eine potenzielle Tragödie in eine Geschichte der Widerstandsfähigkeit und erinnerten alle daran, dass Sicherheit nicht nur in Schlössern und Alarmanlagen liegt, sondern im Vertrauen und in der Wachsamkeit der Nachbarn, die zusammenstehen.

19. A Moment of Humanity: A Policeman's Compassion in Times of Fear

In an age where headlines often focus on the negative aspects of law enforcement, it's crucial to highlight moments that reflect the heartwarming essence of the job. One such event recently took place in a small, unassuming town, where a compassionate policeman found himself bridging the gap between duty and empathy.

On a chilly autumn evening, Officer James Thompson received a call that would change the course of his shift. The dispatch reported a concerned neighbor who had heard the cries of a child emanating from a small, old home at the end of the street. With little information available, Officer Thompson knew he had to act quickly.

As he arrived at the modest house, the sun dipped below the horizon, casting long shadows on the cracked pavement. The peeling paint and overgrown garden spoke of a history long overshadowed by neglect. As Officer Thompson approached the door, he could clearly hear the sounds of a child sobbing—soft, desperate cries that tugged at the heartstrings.

Cautiously, he knocked on the door. No answer. The cries continued, growing more frantic. The officer's training kicked in; he knew he couldn't leave without investigating further. He gently pushed the door open, revealing a dimly lit living room. The sight that greeted him was both heart-wrenching and illuminating.

In the corner of the room sat a small child, no more than six years old, their tear-streaked face buried in their hands. The overwhelming fear and loneliness radiating from the child were palpable. Officer Thompson's heart sank at the sight, but he quickly tucked away his own emotions, focusing instead on the child who needed him.

"Hey there," he said softly, kneeling to meet the child's eye level. "My name is Officer Thompson. I'm here to help you. What's your name?"

The child looked up, their big, glistening eyes filled with uncertainty. "Jamie," they whispered.

Jamie's voice trembled as they explained how they had come home from school to an empty house. The fear of being alone had quickly transformed into a surge of panic as shadows stretched across the room, playing tricks on their mind.

It was in this moment that Officer Thompson, attuned to the needs of a frightened child, took off his gun belt and set it aside. He knew that in a vulnerable moment like this, the right approach was to nurture a sense of safety and security. He leaned back and engaged Jamie in a light-hearted conversation about their favorite cartoons, using humor and relatability to break the weight of fear that filled the room.

As they spoke, Jamie's fears gradually subsided. The sobs transformed into soft giggles, and the tension in the room began to fade. For that brief time, Officer Thompson wasn't just a figure of authority; he was a friend, a comforting presence in a time of distress.

Eventually, after ensuring Jamie was safe and sound, Officer Thompson made a few calls. He contacted the child's guardians, who were unaware of the situation, and ensured Jamie would be looked after until they arrived.

As he left the house, the sun had set completely, leaving a velvet sky dotted with stars. Officer Thompson had not only fulfilled his duty but had also created a moment of connection that would last long after his shift ended. He taught an important lesson that day—not just to Jamie, but perhaps to himself: that sometimes, the greatest power lies in compassion.

In a world filled with uncertainty and fear, it's these small acts of kindness that remind us of our shared humanity. Officer Thompson's dedication to his job extends beyond the badge he wears; it reflects a commitment to understanding and uplifting those we serve. For Jamie, that day marked a turning point, where a seemingly ordinary interaction turned into a lifeline of hope.

This incident may have escalated from a cry for help to an enduring memory of compassion, a reminder that every individual, whether an officer of the law or a scared child, has the power to positively impact the lives of others—even in just a moment's notice.

19- Ein Moment der Menschlichkeit: Das Mitgefühl eines Polizisten in Zeiten der Angst

In einer Zeit, in der sich die Schlagzeilen oft auf die negativen Aspekte der Strafverfolgung konzentrieren, ist es wichtig, Momente hervorzuheben, die herzerwärmende Essenz des Jobs widerspiegeln. Eine solche Veranstaltung fand kürzlich in einer kleinen, bescheidenen Stadt statt; Hier fand sich ein mitfühlender Polizist wieder, der die Kluft zwischen Pflicht und Empathie überbrückte.

An einem kalten Herbstabend erhielt Officer James Thompson einen Anruf, der den Verlauf seiner Schicht ändern sollte. Die Nachricht berichtete von einem besorgten Nachbarn, der die Schreie eines Kindes aus einem kleinen, alten Haus am Ende der Straße hörte. Da so wenige Informationen zur Verfügung standen, wusste Officer Thompson, dass er schnell handeln musste.

Als er in dem bescheidenen Haus ankam, versank die Sonne hinter dem Horizont und warf lange Schatten auf das rissige Pflaster. Die abblätternde Farbe und der verwilderte Garten läuteten eine Geschichte ein, die lange Zeit von Vernachlässigung überschattet war. Als Officer Thompson sich der Tür näherte, konnte er deutlich das Geräusch eines schluchzenden Kindes hören; leise, verzweifelte Schreie, die das Herz zittern lassen.

Vorsichtig klopfte er an die Tür. Keine Antwort. Die Schreie wurden immer lauter. Die Ausbildung des Offiziers begann; Er wusste, dass er nicht ohne weitere Nachforschungen gehen konnte. Vorsichtig stieß er die Tür auf und gab den Blick auf ein schwach beleuchtetes Wohnzimmer frei. Der Anblick, der ihn begrüßte, war sowohl herzzerreißend als auch erleuchtend.

In der Ecke des Zimmers saß ein kleiner Junge, der nicht älter als sechs Jahre war, sein Gesicht nass von Tränen, die in den Händen vergraben waren. Die überwältigende Angst und Einsamkeit, die von dem Jungen ausging, war mit Händen zu greifen. Officer Thompsons Herz krampfte sich bei diesem Anblick zusammen, aber er schob schnell seine eigenen Gefühle beiseite und konzentrierte sich auf den Jungen, der ihn brauchte.

"Hallo", sagte er leise und kniete auf Augenhöhe des Kindes. "Mein Name ist Officer Thompson. Ich bin hier, um Ihnen zu helfen. Wie ist dein Name?"

Der Knabe blickte auf; Seine großen, hellen Augen waren voller Unsicherheit. "Jamie", flüsterten sie.

Jamies Stimme zitterte, als er erzählte, wie sie von der Schule nach Hause kamen und ein leeres Haus vorfanden. Die Angst, allein zu sein, verwandelte sich schnell in Panik, als sich Schatten im Raum ausbreiteten und ihren Verstand einen Streich spielten.

In diesem Moment nahm Officer Thompson, der sich um die Bedürfnisse eines verängstigten Kindes kümmerte, seinen Waffengürtel heraus und legte ihn beiseite. Er wusste, dass der richtige Ansatz in einem so heiklen Moment darin bestand, ein Gefühl der Sicherheit und Geborgenheit zu fördern. Sie lehnte sich zurück und verwickelte Jamie in ein unbeschwertes Gespräch über ihre Lieblingscartoons, wobei sie Humor und Nachvollziehbarkeit einsetzte, um die Last der Angst, die den Raum erfüllte, zu brechen.

Während sie sprachen, ließen Jamies Ängste allmählich nach. Das Schluchzen verwandelte sich in leichtes Kichern, und die Spannung im Raum begann sich zu legen. Während dieser kurzen Zeit war Officer Thompson nicht nur eine Autoritätsperson; Er war ein Freund, eine tröstende Gegenwart in einer schwierigen Zeit.

Nachdem er sich endlich vergewissert hatte, dass Jamie in Sicherheit war, führte Officer Thompson mehrere Telefonate. Sie kontaktierte die Eltern des Jungen, die sich der Situation nicht bewusst waren, und sorgte dafür, dass Jamie bis zu ihrer Ankunft betreut wurde.

Als er das Haus verließ, war die Sonne vollständig untergegangen und hinterließ einen samtigen Himmel voller Sterne. Officer Thompson erfüllte nicht nur seine Pflicht, sondern knüpfte auch eine Bindung, die noch lange nach Beendigung seiner Schicht Bestand haben sollte. An diesem Tag lernte nicht nur Jamie, sondern vielleicht auch er selbst eine wichtige Lektion: Manchmal liegt die größte Stärke im Mitgefühl.

In einer Welt voller Unsicherheit und Angst sind es diese kleinen Taten der Freundlichkeit, die uns an unsere gemeinsame Menschlichkeit erinnern. Officer Thompsons Hingabe an seinen Job geht über das Abzeichen hinaus, das er trägt. Es spiegelt unser Engagement wider, die Menschen, denen wir dienen, zu verstehen und zu fördern. Für Jamie war dieser Tag ein Wendepunkt, an dem sich eine scheinbar banale Interaktion in eine lebenswichtige Hoffnung verwandelte.

Dieses Ereignis mag sich von einem Hilferuf in eine bleibende Erinnerung des Mitgefühls verwandelt haben; Dies ist eine Erinnerung daran, dass jeder Einzelne, ob ein Polizist oder ein verängstigtes Kind, die Macht hat, das Leben anderer positiv zu beeinflussen, auch wenn es nur für einen Moment ist. Bemerken.

20. The Unwritten Love Story: A Tale of Complicated Affections

In a world often reflected in black and white, the nuances of love and desire often blur the lines, painting a more complicated picture. Such is the story of Clara and Jack—a tale underscored by unfulfilled desires, societal expectations, and the heart's endless capacity to crave what it cannot have.

Clara had always been an exuberant spirit, one that illuminated any room she entered. With deep brown eyes that sparkled with mischief and a laughter that echoed like the sound of chimes, she was a magnet for affection. Yet, beneath her vivacious exterior lay a profound sensitivity, an understanding of love that went beyond mere attraction. Clara believed in the transformative power of connection, the kind of love that could sweep one off their feet and change their world.

Jack, on the other hand, was a man rooted in his commitments. He wore the mantle of a devoted husband with grace, his loyalty admirable but complicated by a reluctant stirring in his heart. Married to Emily for several years, Jack loved his wife but felt an undeniable connection with Clara—a phenomenon that made admiration painfully intricate. They met at a mutual friend's gathering, and from their very first conversation, an electric bond was established, striking chords deep within both of their hearts.

As time went on, Jack found himself drawn into the orbit of Clara's magnetic personality. Their conversations lingered long after they parted; their shared interests blossomed into long walks and late-night talks. A simple camaraderie began to unveil its deeper implications, leaving an imprint that both thrilled and terrified him. Clara's presence ignited a passion in Jack that he had not felt in years—a breath of fresh air that contrasted starkly with the routine of his marriage.

Yet, for every moment of connection that Jack and Clara shared, there loomed the insurmountable wall of reality. Clara adored Jack, sensing the struggle within him. She could see the love in his eyes, but she also recognized the weight of his vows, the chains of commitment that tethered him to his wife. It was a bittersweet dance—two souls drawn together by desire, yet held apart by circumstance.

Clara often pondered the nature of love. Was it defined by fidelity, commitment, and marriage, or was it an expansive force that allowed for the heart to feel deeply for more than one person? Could their connection be celebrated, or was it a forbidden fruit destined to rot before it bore any true sweetness? These questions ran circles in her mind, forcing her to confront her own feelings—emotions that were as exhilarating as they were burdensome.

On one hand, Clara relished the time they spent together. The laughter, the stolen glances, the way they communicated without words—it all felt electric. But with every passing day, the weight of the situation pressed heavier upon her heart. It wasn't just Jack's commitment to Emily that troubled her; it was the moral complexity of their connection. Could she bear to be the source of Jack's internal struggle, the catalyst for potential heartbreak?

Jack, too, grappled with his emotions. Each fleeting moment with Clara was a reminder of what he had and what perhaps could be if only circumstances aligned differently. As much as he cherished Clara, he felt the duty towards his marriage pulling him in another direction. He cared deeply for Emily, and the thought of betraying her trust felt insurmountably painful. Yet, the sheer force of his feelings for Clara could not be dismissed, creating a turmoil within him that refused to dissipate.

Their connection grew more complicated as they danced around the edges of attraction. While they shared stolen moments of laughter and intimate discussions, the unspoken truth hung in the air like a heavy fog. Both found themselves at a crossroads, tethered to their realities yet yearning for something freely expressed.

In many ways, Clara and Jack's story is not just about them, but a reflection of the complexities that can arise in the labyrinth of human emotions. Love does not always fit neatly into societal molds or expectations. It can be as exhilarating as it is devastating and often leaves us questioning the very essence of our relationships.

As Clara and Jack navigate the stormy seas of their affection, they are faced with choices that will define who they become. Can love transcend boundaries? Can it co-exist within the confines of commitment, or must it inevitably seek freedom? As they ponder these questions, they find solace in the understanding that every love story is unique, woven with threads of complexity, tension, and ultimately, truth.

In the end, Clara and Jack teach us that love is not simply a narrative of beginnings and endings but a journey filled with uncharted territories, painful choices, and the hope of understanding. Their story remains unwritten, a testament to the intricate dance between love and reality, leaving us all to wonder about the paths we choose and the hearts we hold in our hands.

20- Die ungeschriebene Liebesgeschichte: Eine Geschichte über komplizierte Liebe

In einer Welt, die oft in Schwarz-Weiß projiziert wird, verwischen die Nuancen von Liebe und Begehren oft die Grenzen und zeichnen ein komplexeres Bild. Das ist die Geschichte von Clara und Jack; Es ist eine Geschichte, die unerfüllte Wünsche, gesellschaftliche Erwartungen und die unendliche Fähigkeit des Herzens unterstreicht, das zu begehren, was es nicht haben kann.

Clara hatte immer einen überschwänglichen Geist und erleuchtete jeden Raum, den sie betrat. Er war ein Magnet der Liebe, mit dunkelbraunen Augen, die vor Unfug funkelten, und einem Lachen, das wie eine Glocke widerhallte. Aber unter ihrem lebendigen Äußeren verbarg sich eine tiefe Sensibilität, ein Gefühl der Liebe, das über bloßen Charme hinausging. Clara glaubte an die transformative Kraft der Verbindung, die Art von Liebe, die einen Menschen von den Füßen reißen und seine Welt verändern kann.

Jack hingegen war ein Mann, der sich seinen Verpflichtungen verschrieben hatte. Sie trug den Mantel eines treuen Gatten mit Anmut; Seine Treue war bewundernswert, aber sie wurde durch eine halbherzige Regung in seinem Herzen erschwert. Jack, der seit mehreren Jahren mit Emily verheiratet war, liebte seine Frau, fühlte sich aber unbestreitbar mit Clara verbunden. Es war ein Phänomen, das die Bewunderung schmerzhaft kompliziert machte. Sie lernten sich bei einem Treffen mit gemeinsamen Freunden kennen, und von ihrem ersten Gespräch an entstand eine elektrische Verbindung, die Saiten tief in den Herzen beider vibrieren ließ.

Im Laufe der Zeit wurde Jack in die Umlaufbahn von Claras magnetischer Persönlichkeit hineingezogen. Ihr Gespräch ging noch lange nach ihrer Abreise weiter; Aus gemeinsamen Interessen wurden lange Spaziergänge und nächtliche Gespräche. Eine einfache Freundschaft hinterließ Spuren, die ihn sowohl begeisterten als auch erschreckten und ihre tieferen Implikationen offenbarten. Claras Gegenwart entfachte in Jack eine Leidenschaft, die er seit Jahren nicht mehr gespürt hatte. Es ist ein Hauch frischer Luft, der der Routine ihrer Ehe völlig widerspricht.

Aber mit jedem Moment der Verbindung, den Jack und Clara teilten, zeichnete sich eine undurchdringliche Mauer der Realität ab. Clara bewunderte Jack und fühlte den Kampf in sich. Er konnte die Liebe in ihren Augen sehen, aber er erkannte auch das Gewicht seiner Gelübde, die Ketten der Hingabe, die ihn an seine Frau banden. Es war ein bittersüßer Tanz; Zwei Seelen, die durch Begierde zusammenkommen, aber durch die Umstände getrennt sind.

Clara dachte oft über das Wesen der Liebe nach. Wurde es durch Treue, Hingabe und Ehe definiert, oder war es eine gewaltige Kraft, die es dem Herzen ermöglichte, tief für mehr als eine Person zu empfinden? Konnte die Verbindung zwischen ihnen gefeiert werden, oder war es eine verbotene Frucht, die dazu bestimmt war, zu verrotten, bevor sie echte Süße erlangte? Diese Fragen schwirrten in seinem Kopf herum und zwangen ihn, sich mit seinen eigenen Gefühlen auseinanderzusetzen; Diese Gefühle waren sowohl erfrischend als auch belastend.

Auf der einen Seite genoss Clara die gemeinsame Zeit. Lachen, ausweichende Blicke, die Art und Weise, wie sie sich ohne Worte verständigen; Es war alles aufregend. Doch mit jedem Tag, der verging, lastete das Gewicht der Situation schwerer auf seinem Herzen. Es war nicht nur Jacks Hingabe an Emily, die ihn störte; es war die moralische Komplexität ihrer Verbindung. Würde er in der Lage sein, die Quelle von Jacks innerem Kampf zu sein, der Katalysator für seinen möglichen Liebeskummer?

Auch Jack kämpfte mit seinen Gefühlen. Jeder kurze Moment, den er mit Clara verbrachte, erinnerte ihn daran, was er durchgemacht hatte und was hätte passieren können, wenn die Umstände anders gekommen wären. So sehr er sich auch um Clara kümmerte, so fühlte er, dass seine Pflicht gegenüber seiner Ehe ihn in eine andere Richtung zog. Er liebte Emily zutiefst, und der Gedanke, ihr Vertrauen zu missbrauchen, war unerträglich schmerzhaft. Aber die schiere Macht seiner Gefühle für Clara konnte nicht hoch genug eingeschätzt werden, was in ihm einen Aufruhr auslöste, der sich nicht auflösen wollte.

Als sie am Rande des Glamours tanzten, wurde ihre Verbindung immer komplexer. Während Er Momente des gestohlenen Lachens und der offenen Diskussion teilte, hingen unausgesprochene Wahrheiten wie ein dichter Nebel in der Luft. Beide befanden sich an einem Scheideweg; Sie waren ihrer Realität verpflichtet, aber sie sehnten sich nach etwas, das frei ausgedrückt werden konnte.

In vielerlei Hinsicht geht es in der Geschichte von Clara und Jack nicht nur um sie, sondern auch um die Komplexität, die im Labyrinth menschlicher Emotionen entstehen kann. Liebe passt nicht immer genau in gesellschaftliche Stereotypen oder Erwartungen. Es kann ebenso erfrischend wie destruktiv sein, und es lässt uns oft das Wesen unserer Beziehungen in Frage stellen.

Während Clara und Jack durch die stürmischen Meere ihrer Liebe navigieren, stehen sie vor Entscheidungen, die darüber entscheiden, wer sie werden. Kann Liebe Grenzen überschreiten? Kann sie innerhalb der Grenzen der Bindung koexistieren, oder sollte sie unweigerlich nach Freiheit streben? Während sie über diese Fragen nachdenken, finden sie Trost in der Erkenntnis, dass jede Liebesgeschichte einzigartig ist, verwoben mit Komplexität, Spannung und letztlich Wahrheit.

Am Ende lehren uns Clara und Jack, dass Liebe nicht nur eine Geschichte von Anfängen und Enden ist, sondern eine Reise voller Neuland, schmerzhafter Entscheidungen und der Hoffnung, verstanden zu werden. Als Zeugnis des komplizierten Tanzes zwischen Liebe und Realität bleiben ihre Geschichten ungeschrieben und lassen uns alle über die Wege, die wir wählen, und die Herzen, die wir tragen, nachdenken.

21. A Day of Adventure: Swimmer Children at the Beach

Chapter 1 Introduction

There's nothing quite like the joy of a sunny day at the beach, especially when it's filled with laughter, splashes, and the delicious scents of coastal cuisine wafting through the salty air. For a group of adventurous children – all avid swimmers – a trip to the beach is not just an ordinary outing, but a day filled with aquatic exploration and gastronomic delights.

Chapter 2 Setting Off for the Beach

The excitement began early in the morning as the children gathered at the local community center, each equipped with brightly colored swimsuits, beach towels, and an uncontainable sense of adventure. Their destination? The nearby beach famous for its clear blue waters and vibrant marine life. Parents waved goodbye, confident that their little swimmers would create memories that would last a lifetime.

After a short drive, the sight of the sprawling sandy shore greeted them. The sun glinted off the water, creating a canvas of sparkling blues and greens. With shouts of glee, the children raced toward the waves, their laughter mingling with the sound of crashing surf.

Chapter 3 Splashes and Smiles

Once at the beach, the children wasted no time diving into the water. Some practiced their strokes while others played games, competing to see who could swim the farthest or dive the deepest. The thrill of the ocean rippled through their hearts, and every splash was a reminder of their shared love for swimming.

As they frolicked in the waves, they took a moment to explore the shoreline. Collecting seashells and spotting tiny crabs became an unforeseen thrill, turning an ordinary day into an adventure. The beach was not just a place to swim; it was a vibrant ecosystem brimming with life waiting to be discovered.

Chapter 4 A Trip to the Ship

After hours of swimming and playing, the children were ready for a new experience. As they dried off under the sun, an old ship anchored nearby caught their eye. It was a charming vessel, its sails billowing gently in the sea breeze. With curiosity piqued and energy renewed, the children decided to take a tour of the ship, imagining themselves as explorers of the high seas.

Stepping onboard was like entering a magical world. The ship was not only a vessel for travel but also a floating haven of delicious culinary surprises. The crew welcomed the young adventurers and offered them a chance to sample an array of freshly prepared foods. The tantalizing aroma of grilled fish, spicy shrimp tacos, and tropical fruit salads wafted through the air, inviting the children to indulge in a feast.

Chapter 5 A Culinary Delight

As they gathered around a makeshift dining area on the deck, their taste buds danced in delightful anticipation. The crew shared stories of the sea, all while the children savored mouthwatering dishes that showcased the bounty of the ocean.

The fresh fish was expertly seasoned and grilled, topped with zesty lime and savory herbs, while the shrimp tacos had just the right amount of spice, paired perfectly with a cool avocado salsa. Piled high with vibrant mango and pineapple, the fruit salads were a refreshing treat under the warm sun. Each bite was a testament to the seaside culinary flair that made the day even more special.

Chapter 6 Memories to Treasure

As the sun began to set, casting a golden hue over the water, the children felt a sense of fulfillment. They had swum in the ocean, explored a ship, and indulged in delectable meals made from the sea's treasures. With tired eyes but full hearts, they headed home, the day's adventures etched into their memories.

In this perfect day at the beach, the children discovered more than just the exhilarating joy of swimming; they uncovered a love for nature, friendship, and the simple pleasures of life, celebrating the beauty of their surroundings and the culinary wonders that the ocean has to offer.

Chapter 7 Conclusion

Days like this remind us of the magic that can be found in a beach outing: the thrill of the waves, the adventure of exploration, and the joy of sharing good food with friends. For these young swimmers, it wasn't just a trip to the beach; it was a celebration of childhood, adventure, and the joys of life.

21- Ein Tag voller Abenteuer: Schwimmer am Strand

Teil 1 Einführung

Es gibt nichts Schöneres als die Freude an einem sonnigen Tag am Strand, vor allem, wenn er von Lachen, Spritzern und den köstlichen Gerüchen der Küstenküche erfüllt ist, die in der salzigen Luft schweben. Für eine Gruppe abenteuerlustiger Kinder, die alle begeisterte Schwimmer sind, ist ein Ausflug an den Strand nicht nur ein gewöhnlicher Ausflug, sondern ein Tag voller Wassererkundungen und gastronomischer Köstlichkeiten.

Kapitel 2: An den Strand gehen

Die Aufregung begann früh am Morgen, als sich die Kinder, jedes mit bunten Badeanzügen, Strandtüchern und einem unkontrollierbaren Abenteuergeist, im örtlichen Gemeindezentrum versammelten. Ihr Ziel? Der nahe gelegene Strand ist berühmt für sein klares blaues Wasser und die lebendige Unterwasserwelt. Die Eltern verabschiedeten sich im Vertrauen, dass ihr kleiner Schwimmer Erinnerungen schaffen würde, die ein Leben lang halten werden.

Nach einer kurzen Fahrt wurden sie von der weitläufigen sandigen Küstenlandschaft begrüßt. Die Sonne schien auf das Wasser und schuf eine Leinwand aus leuchtenden Blau- und Grüntönen. Die Kinder rannten auf die Wellen zu und schrien vor Freude, und ihr Lachen mischte sich mit dem Geräusch der Wellen.

Kapitel 3: Wasserspritzer und Lächeln

Am Strand angekommen, verschwendeten die Kinder keine Zeit und sprangen ins Wasser. Einige übten das Schlagen, während andere Spiele spielten und Rennen fuhren, um zu sehen, wer am weitesten schwimmen oder am tiefsten tauchen konnte. Der Nervenkitzel des Ozeans kräuselte sich in ihren Herzen, und jeder Wasserspritzer erinnerte sie an ihre gemeinsame Liebe zum Schwimmen.

Während sie sich zwischen den Wellen vergnügten, nahmen sie sich auch die Zeit, die Küste zu erkunden. Das Sammeln von Muscheln und das Beobachten winziger Krabben wurde zu einem unerwarteten Nervenkitzel, der einen gewöhnlichen Tag in ein Abenteuer verwandelte. Der Strand war nicht nur ein Ort zum Schwimmen; Es war ein pulsierendes Ökosystem voller Leben, das darauf wartete, erkundet zu werden.

Kapitel 4 Reise zum Schiff

Nach stundenlangem Schwimmen und Spielen waren die Kinder bereit für eine neue Erfahrung. Als es in der Sonne austrocknete, erregte ein altes Schiff, das in der Nähe vor Anker lag, ihre Aufmerksamkeit. Es war ein faszinierendes Schiff, dessen Segel sanft in der Meeresbrise flatterten. Ihre Neugierde stieg und ihre Energie wurde erneuert, und sie beschlossen, das Schiff zu besichtigen, und stellten sich vor, Entdecker der hohen See zu sein.

An Bord zu gehen, war wie das Betreten einer magischen Welt. Das Schiff war nicht nur ein Schiff, das zum Reisen gedacht war, sondern auch ein schwimmender Hafen voller köstlicher Überraschungen. Die Crew begrüßte die jungen Abenteurer und gab ihnen die Möglichkeit, frisch zubereitete Speisen zu probieren. Der verführerische Duft von gegrilltem Fisch, würzigen Garnelen-Tacos und tropischen Obstsalaten lag in der Luft und lud die Kinder zu einer Leckerei ein.

Kapitel 5: Ein kulinarischer Genuss

Als sie sich um einen provisorischen Essbereich auf dem Deck versammelten, tanzten ihre Geschmäcker in entzückender Erwartung. Die Besatzung erzählte Geschichten über das Meer, während die Kinder köstliche Mahlzeiten genossen, die den Reichtum des Ozeans zeigten.

Der frische Fisch wurde fachmännisch gewürzt und gegrillt, mit pikanter Limette und herzhaften Kräutern belegt, während die Garnelen-Tacos genau die richtige Menge an Würze hatten und perfekt mit einer kühlen Avocado-Salsa kombiniert wurden. Obstsalate, gefüllt mit lebendigen Mangos und Ananas, waren ein belebendes Festmahl unter der heißen Sonne. Jeder Bissen war ein Zeugnis für das kulinarische Flair am Meer, das den Tag noch spezieller machte.

Kapitel 6: Erinnerungen, die zum Schatz führen

Als die Sonne unterging und das Wasser einen goldenen Farbton annahm, empfanden die Kinder ein Gefühl der Zufriedenheit. Sie schwammen im Meer, erkundeten ein Schiff und genossen köstliches Essen aus den Schätzen des Meeres. Mit müden Augen, aber vollen Herzens machten sie sich auf den Weg nach Hause; Die Abenteuer des Tages haben sich in sein Gedächtnis eingebrannt.

An diesem perfekten Tag am Strand entdeckten die Kinder mehr als nur die Freude am Schwimmen. Sie offenbarten die Liebe zur Natur, zur Freundschaft und zu den einfachen Freuden des Lebens; Sie feierten die Schönheit ihrer Umgebung und die kulinarischen Wunder, die der Ozean zu bieten hat.

Kapitel 7 Fazit

Tage wie diese erinnern uns an die Magie, die bei einem Ausflug an den Strand zu finden ist: der Nervenkitzel der Wellen, das Abenteuer der Entdeckung und die Freude, gutes Essen mit Freunden zu teilen. Für diese jungen Schwimmer war es nicht nur ein Ausflug an den Strand; Es war eine Feier der Kindheit, des Abenteuers und der Freuden des Lebens. Kapitel 6: Erinnerungen, die zum Schatz führen

Als die Sonne unterging und das Wasser einen goldenen Farbton annahm, empfanden die Kinder ein Gefühl der Zufriedenheit. Sie schwammen im Meer, erkundeten ein Schiff und genossen köstliches Essen aus den Schätzen des Meeres. Mit müden Augen, aber vollen Herzens machten sie sich auf den Weg nach Hause; Die Abenteuer des Tages haben sich in sein Gedächtnis eingebrannt.

An diesem perfekten Tag am Strand entdeckten die Kinder mehr als nur die Freude am Schwimmen. Sie offenbarten die Liebe zur Natur, zur Freundschaft und zu den einfachen Freuden des Lebens; Sie feierten die Schönheit ihrer Umgebung und die kulinarischen Wunder, die der Ozean zu bieten hat.

Kapitel 7 Fazit

Tage wie diese erinnern uns an die Magie, die bei einem Ausflug an den Strand zu finden ist: der Nervenkitzel der Wellen, das Abenteuer der Entdeckung und die Freude, gutes Essen mit Freunden zu teilen. Für diese jungen Schwimmer war es nicht nur ein Ausflug an den Strand; Es war eine Feier der Kindheit, des Abenteuers und der Freuden des Lebens.

22. A Day to Remember: Lisa's Family Picnic Adventure

On a sun-drenched Saturday morning, Lisa woke up to the melodious sounds of chirping birds and sunlight streaming through her bedroom window. It was no ordinary weekend; today was the day Lisa's family had been eagerly anticipating — their annual picnic day! The family had been planning this outing for weeks, and everyone was buzzing with excitement.

As the aroma of freshly brewed coffee wafted through the house, Lisa's parents were busy packing the car with all the essentials: delicious homemade sandwiches, refreshing lemonade, a basket full of fresh fruits, and of course, a selection of cookies that Lisa had baked the night before. Lisa and her little brother, Max, were in charge of preparing the picnic blanket, games, and their favorite board games to keep the fun going.

After a quick breakfast filled with laughter and anticipation, the family loaded into their trusty station wagon, with Max in the front seat enthusiastically asking, "Are we there yet?" The excitement was palpable as they set off for a nearby national park known for its breathtaking views and winding trails, a perfect backdrop for their picnic.

The drive itself was part of the adventure. They played their favorite road trip games, including "I Spy" and the license plate game, all while a playlist of upbeat tunes filled the car. With every passing mile, the scenery became more picturesque, filled with lush green fields, vibrant wildflowers, and softly rolling hills.

Upon arriving at the park, Lisa and her family were greeted by the refreshing scent of pine and the soft rustling of leaves in the gentle breeze. They parked their car near a scenic overlook and unloaded their picnic gear. Max's eyes lit up as he spotted a nearby playground, and

Lisa quickly agreed to take him there for a few minutes before settling down for their picnic.

After some swinging, climbing, and a joyous game of tag, they found the perfect spot near a bubbling creek, where they could hear the water gently flowing over the stones. They spread out their cheerful checkered blanket and laid out the feast. Sandwiches, fruits, cookies, and lemonade were devoured with smiles and chatter. Each bite tasted like pure joy, made all the better by the laughter and camaraderie of family.

With their bellies full, the adventure wasn't over yet. Lisa's dad suggested a short hike to a nearby viewpoint. Armed with a map they picked up at the park entrance, the family set off on the winding trail, filled with curiosity about what lay ahead. Along the way, they took turns spotting different species of birds, collecting unique stones, and even pausing to snap pictures of the stunning views.

The hike turned out to be more challenging than they had anticipated, with steep inclines and winding paths that led them deeper into the woods. But every twist and turn brought them closer to the awe-inspiring summit. Finally, after what felt like an expedition, they reached their destination. The view was breathtaking; valleys stretched out beneath them, painted with the vibrant colors of autumn leaves. Lisa's heart swelled with happiness, and she could hardly contain her excitement when she exclaimed, "This is the best day ever!"

From the top, they took family selfies, capturing the joy of the moment. As the sun began to dip in the sky, they made their way back down, feeling accomplished and invigorated from their adventure.

As the day drew to a close, the family returned to their picnic spot to bask in the golden glow of the setting sun. They gathered around the creek, skipped stones, and shared stories, each one more humorous and heartwarming than the last. The sounds of the outdoors—a soft breeze, the gurgling water, and the calls of distant birds—created a serene atmosphere that made them feel at peace.

Driving home later that evening, tired but happy, just as Max had predicted, Lisa's family reflected on their day filled with adventure, laughter, and bonding.

"That was so much fun," Lisa said, leaning back in her seat. Her parents exchanged smiles, knowing they had created another cherished memory.

As they pulled into their driveway, Lisa couldn't help but feel grateful for these moments — the laughter, the exploration, and the simple joy of being together. "Can we make this a tradition?" she asked, and her family agreed wholeheartedly. Tonight, under a blanket of twinkling stars, Lisa went to bed with dreams of next year's picnic day already dancing in her head. The day was a perfect reminder that sometimes, the best adventures happen just a short drive away.

22-Ein unvergesslicher Tag: Lisas Familienpicknick-Abenteuer

An einem sonnigen Samstagmorgen wachte Lisa von den melodischen Geräuschen der zwitschernden Vögel und dem Sonnenlicht auf, das durch ihr Schlafzimmerfenster hereinströmte. Es war kein gewöhnliches Wochenende; Heute war der Tag, auf den sich Lisas Familie freute, der jährliche Picknicktag! Die Familie hatte diese Reise schon seit Wochen geplant, und alle waren begeistert.

Während der Duft von frisch gebrühtem Kaffee durch das Haus wehte, waren Lisas Eltern damit beschäftigt, das Auto mit allem Notwendigen zu beladen: leckere hausgemachte Sandwiches, erfrischende Limonade, einen Korb voller frisches Obst und natürlich eine Vielzahl von Keksen, die Lisa gebacken hatte. am Vorabend. Lisa und ihr jüngerer Bruder Max waren für die Vorbereitung der Picknickdecke, der Spiele und ihrer Lieblingsbrettspiele verantwortlich, damit der Spaß weiterging.

Nach einem schnellen Frühstück voller Lachen und Vorfreude bestieg die Familie ihren treuen Kombi. Auf dem Vordersitz fragte Max aufgeregt: "Sind wir nicht hier?" Die Aufregung war spürbar, als sie sich auf den Weg zu einem nahe gelegenen Nationalpark machten, der für seine atemberaubenden Aussichten und gewundenen Pfade bekannt ist und die perfekte Kulisse für ein Picknick bildete.

Nach einigem Schaukeln, Klettern und einer entzückenden Verfolgungsjagd fanden sie den perfekten Platz in der Nähe eines sprudelnden Baches, wo sie das Geräusch des Wassers hören konnten, das langsam über die Steine strömte. Sie breiteten ihre fröhlich karierten Decken aus und bereiteten das Festmahl vor. Sandwiches, Obst, Kekse und Limonaden wurden mit einem Lächeln und Gesprächen gegessen. Jeder Bissen war pure Freude, die durch Lachen und Familienfreundschaft noch besser wurde.

Mit ihren vollen Bäuchen war das Abenteuer noch nicht vorbei. Lisas Vater schlug vor, einen kurzen Spaziergang zu einem nahe gelegenen Beobachtungsposten zu machen. Bewaffnet mit einer Karte, die sie vom Eingang des Parks mitgenommen hatten, machte sich die Familie auf den gewundenen Weg, neugierig auf das, was vor ihnen lag. Unterwegs beobachteten sie abwechselnd verschiedene Vogelarten, sammelten einzigartige Steine und hielten sogar an, um Fotos von den spektakulären Landschaften zu machen.

Die Wanderung erwies sich aufgrund der steilen Hänge und verschlungenen Pfade, die sie tief in den Wald führten, als anspruchsvoller als erwartet. Aber jede Wendung brachte sie dem ehrfurchtgebietenden Gipfel näher. Endlich, nach einem Prozess, der wie eine Expedition verlief, erreichten sie ihr Ziel. Die Landschaft war atemberaubend; Unter ihnen erstreckten sich Täler, die in den leuchtenden Farben des Herbstlaubs gestrichen waren. Lisas Herz war voller Glück, und sie konnte ihre Aufregung kaum zurückhalten, als sie ausrief: "Das ist der beste Tag aller Zeiten!"

Sie fingen die Freude des Augenblicks ein, indem sie Familien-Selfies von oben machten. Als die Sonne am Himmel unterzugehen begann, machten sie sich auf den Weg nach unten und fühlten sich durch ihr Abenteuer erfüllt und gestärkt.

Als sich der Tag dem Ende zuneigte, kehrte die Familie zu ihrem Picknickplatz zurück, um das goldene Leuchten der untergehenden Sonne zu genießen. Sie versammelten sich um den Bach, hüpften mit Steinen und erzählten Geschichten, die lustiger und herzerwärmender waren als die letzte. Die Geräusche draußen (eine sanfte Brise, gurgelndes Wasser und das Zwitschern der Vögel in der Ferne) schufen eine ruhige Atmosphäre, in der sie sich in Frieden fühlten.

Später am Abend kehrte sie, wie Max vorausgesagt hatte, müde, aber glücklich nach Hause zurück und dachte über ihre Tage voller Abenteuer, Lachen und Verbundenheit nach.

"Es hat sehr viel Spaß gemacht", sagte Lisa und lehnte sich in ihrem Sitz zurück. Ihre Eltern lächelten, weil sie wussten, dass sie eine weitere wertvolle Erinnerung geschaffen hatten.

Als sie die Einfahrt betraten, konnte Lisa nicht anders, als dankbar für diese Momente zu sein. Lachen, Entdeckungen und die einfache Freude am Zusammensein. "Können wir das zu einer Tradition machen?", fragte er, und seine Familie stimmte voll und ganz zu. Heute Abend, unter einer Decke aus funkelnden Sternen, ging Lisa ins Bett, und die Träume vom Picknicktag im nächsten Jahr tanzten bereits in ihrem Kopf. Dieser Tag war eine perfekte Erinnerung daran, dass die besten Abenteuer manchmal innerhalb einer kurzen Autofahrt passieren können.

23. Love on the Run: The Tale of a Bank Heist and a Daring Escape

In a quiet town that had never known the stirring whispers of crime, a shocking event unfolded that would leave its residents in disbelief and imprints on the community forever. This is not just a story of betrayal and greed, but one of love, desperation, and the lengths people will go to for those they care about.

Chapter 1 The Heist

It all began on a rainy Wednesday morning. The usually empty streets were bustling with activity as customers made their way into the local bank for their daily transactions. Among them was Jake Sullivan, a 30-year-old with charm that could disarm anyone and a darker side that few knew about. To the outside world, Jake was a hardworking mechanic, but to himself, he was an ambitious man craving more than his mundanity could offer.

With his girlfriend, Emma, always dreaming of a better life, Jake concocted a plan that would change everything. In the dead of night, armed with nothing but a mask and a bag, he executed the heist. For Jake, it was more than just a robbery; it was an attempt to secure a future away from the scars of their humble beginnings. The plan went off in a frenzy of chaos, but Jake managed to escape with a sizeable amount of cash.

Chapter 2 The Arrest

However, in his haste, Jake overlooked one crucial detail: his license plate – an unusual color and new modification that drew the attention of the local police. Within hours, he was arrested, and his world turned upside down as the reality of his actions settled in. Sentenced to five years in prison, Jake thought about Emma every day, each thought a throbbing ache in his heart.

Emma, devastated but undeterred, began visiting him regularly. They shared dreams of a life filled with adventure, laughter, and freedom. During these visits, they made a pact: Jake would find a way to escape and reunite with Emma, no matter the cost.

Chapter 3 The Escape

Months slipped by, and Jake began plotting his escape. He befriended a fellow inmate named Marcus, who had a reputation for getting things done. Together, they devised a plan that required careful timing and a willingness to push the boundaries of their circumstances. On the day of the escape, Jake took advantage of a prison transfer where inmates were moved briefly due to a drill. In a coordinated effort, Jake and Marcus slipped away from the chaos, using the cover of darkness to navigate their way to freedom.

With nowhere else to go, Jake made his way back to Emma's town. He used the stolen money to buy a bus ticket, his heart pounding with excitement and dread. How would Emma react? Would she be safe with him?

Chapter 4 The Reunion

As Jake stepped off the bus under the dim glow of the streetlamp, he felt a rush of nostalgia and fear. He had spent so long plotting this moment, but the reality was far more daunting than any plan he had made. With trembling hands, he reached for his phone and dialed Emma's number—the sound sent shivers down his spine.

"Jake?" Emma's voice cracked, disbelief mingling with joy.

"Emma, I'm here," he whispered. "I'm coming to you."

In a secluded spot near a park where they used to spend countless hours, they met under a canopy of stars. Emma ran into his arms, tears streaming down her cheeks. "I thought I'd lost you forever!" she exclaimed.

"I'm sorry, Em. I had to do this. For us."

Chapter 5 Consequences and Choices

While the reunion felt perfect, reality loomed over them like a shadow. They both knew freedom came with consequences. The authorities wouldn't stop searching for Jake, and he couldn't expect to live a normal life while on the run. Together, they faced tough choices: stay and fight for Jake's innocence or flee and risk losing everything.

In the end, love prevailed with a plan. They spent the next few weeks living off the grid, carefully planning their next move. Utilizing social media connections, they sought help from a distance—a network of friends who believed in second chances.

Chapter 6 Conclusion

The days turned into weeks as the couple navigated their precarious new reality, balancing hope with uncertainty. Jake learned that love could conquer the harshest of circumstances, and Emma discovered the depths of her resilience fighting for the one she loved.

Their journey was far from over, but together, Jake and Emma forged an unbreakable bond, proving that sometimes, the greatest heist isn't of money, but of a life lived in freedom, united against all odds. As they plotted their next chapter, they learned that every decision stemmed from love — a bond powerful enough to breach even the highest walls, leaving behind a story that would not soon be forgotten.

23. Fugitive Love: Die Geschichte eines Banküberfalls und einer waghalsigen Flucht

In einer ruhigen Stadt, die noch nie das aufregende Flüstern des Verbrechens gehört hat, ereignete sich ein schockierender Vorfall, der seine Einwohner ohne Glauben zurücklassen und für immer seine Spuren in der Gesellschaft hinterlassen wird. Dies ist nicht nur eine Geschichte von Verrat und Gier; Es ist auch eine Geschichte über Liebe, Verzweiflung und die Anstrengungen, die Menschen für diejenigen unternehmen, die ihnen wichtig sind.

Kapitel 1 Raub

Alles begann an einem verregneten Mittwochmorgen. In den normalerweise leeren Straßen herrschte reges Treiben, als sich die Kunden auf den Weg zur örtlichen Bank machten, um ihre täglichen Einkäufe zu erledigen. Einer von ihnen war der 30-jährige Jake Sullivan, der einen Charme besaß, der jeden neutralisieren konnte, und eine dunkle Seite, von der nur wenige Menschen wussten. Für die Außenwelt war Jake ein hart arbeitender Mechaniker, aber für ihn war er ein ehrgeiziger Mann, der mehr wollte, als seine Mittelmäßigkeit bieten konnte.

Jake schmiedet mit seiner Freundin Emma, die schon immer von einem besseren Leben geträumt hat, einen Plan, der alles verändern wird. Mitten in der Nacht verübte er den Raubüberfall mit nichts als einer Maske und einer Tasche in den Händen. Für Jake war es mehr als eine Abzocke; Es war ein Versuch, eine Zukunft zu sichern, die frei von den Narben seiner bescheidenen Anfänge ist. Der Plan ging im Chaos auf, aber Jake gelang es, mit einer großen Geldsumme zu entkommen.

Kapitel 2 Verhaftung

In seiner Eile übersah Jake jedoch ein sehr wichtiges Detail: sein Nummernschild; Eine ungewöhnliche Farbe und eine neue

Veränderung, die Aufmerksamkeit der örtlichen Polizei auf sich zog. Innerhalb weniger Stunden wurde er verhaftet, und seine Welt wurde auf den Kopf gestellt, als die Wahrheit über seine Taten ans Licht kam.

Jake, der zu fünf Jahren Gefängnis verurteilt worden war, dachte jeden Tag an Emma, und jeder von ihnen dachte, dass es einen pochenden Schmerz in seinem Herzen gab.

Am Boden zerstört, aber unerschrocken, begann Emma, ihn regelmäßig zu besuchen. Sie teilten Träume von einem Leben voller Abenteuer, Lachen und Freiheit. Während dieser Besuche machten sie einen Deal: Jake würde einen Weg finden, zu entkommen und sich mit Emma wieder zu vereinen, koste es, was es wolle.

Kapitel 3 Flucht

Monate vergingen, und Jake begann, seine Flucht zu planen. Er freundete sich mit einem Mitgefangenen namens Marcus an, der dafür bekannt war, Dinge zu erledigen. Gemeinsam entwarfen sie einen Plan, der ein sorgfältiges Timing und die Bereitschaft erforderte, die Grenzen der Umstände zu überschreiten. Am Tag der Pause nutzte Jake eine Gefängnisverlegung, bei der Insassen aufgrund einer Übung kurzzeitig verlegt wurden. In einer koordinierten Anstrengung entfernten sich Jake und Marcus von dem Chaos und nutzten den Schleier der Dunkelheit auf ihrem Weg in die Freiheit.

Da Jake nirgendwo anders hingehen konnte, kehrte er in Emmas Stadt zurück. Er benutzte das gestohlene Geld, um ein Busticket zu kaufen, und sein Herz klopfte vor Aufregung und Angst. Wie würde Emma reagieren? Würde sie bei ihm sicher sein?

4. Kapitel: Wiedervereinigung

Jake fühlte ein Gefühl von Nostalgie und Angst, als er im schwachen Licht der Straßenlaterne aus dem Bus stieg. Er hatte viel Zeit damit verbracht, diesen Moment zu planen, aber die Realität war weitaus beängstigender als alle Pläne, die er gemacht hatte. Mit zitternden Händen griff sie nach ihrem Telefon und wählte Emmas Nummer; Das Geräusch jagte ihm einen Schauer über den Rücken.

"Jake?" Emmas Stimme brach, Unglaube mischte sich mit Freude.

"Emma, ich bin hier", flüsterte sie. "Ich komme zu dir."

Sie trafen sich unter dem Schatten der Sterne an einem abgelegenen Ort in der Nähe eines Parks, wo sie unzählige Stunden verbrachten. Emma lief ihm in die Arme, Tränen liefen ihr über die Wangen. »Ich dachte, ich hätte dich für immer verloren!« rief sie aus.

"Es tut mir leid, Emre. Ich musste es tun. Es ist für uns."

5. Kapitel: Ergebnisse und Wahlen

Während sich ihr Wiedersehen perfekt anfühlte, warf die Realität einen Schatten auf sie. Beide wussten, dass die Freiheit Konsequenzen haben würde. Die Behörden würden nicht aufhören, nach Jake zu suchen, und er konnte nicht erwarten, ein normales Leben zu führen, während er auf der Flucht war. Gemeinsam standen sie vor schwierigen Entscheidungen: Bleiben und für Jakes Unschuld kämpfen oder weglaufen und riskieren, alles zu verlieren.

Am Ende siegte die Liebe mit einem Plan. Die nächsten Wochen verbrachten sie damit, abseits des Stromnetzes zu leben und ihren nächsten Schritt sorgfältig zu planen. Sie suchten über ihre Social-Media-Links Hilfe aus der Ferne. Ein Netzwerk von Freunden, die an eine zweite Chance glauben.

Kapitel 6 Fazit

Aus Tagen wurden Wochen, in denen sich das Paar in seiner instabilen neuen Realität zurechtfand und Hoffnung und Ungewissheit ausbalancierte. Jake lernte, dass Liebe die härtesten Umstände überwinden kann, und Emma entdeckte die Tiefe ihrer Widerstandsfähigkeit, als sie für den Menschen kämpfte, den sie liebte.

Ihre Reise war noch nicht zu Ende, aber Jake und Emma bildeten eine unzerbrechliche Bindung zueinander und bewiesen, dass der größte Raub manchmal nicht Geld ist, sondern ein Leben in Einheit, in Freiheit, trotz allem. Als sie die nächsten Kapitel planten, lernten sie, dass jede Entscheidung aus Liebe getroffen wurde; Diese Bindung war stark genug, um selbst die höchsten Mauern zu durchbrechen und eine Geschichte zu hinterlassen, die nicht so schnell vergessen wird.

24. Three Students Break Out of School to Catch a Movie: A Tale of Adventure and Consequences

In a small town where the routine of school life often feels monotonous, a daring escapade unfolded last Friday when three adventurous students decided to break free from the confines of academia and enjoy a little cinematic thrill. What started as a harmless plan to escape the dreariness of the school day quickly turned into a tale of excitement, laughter, and the inevitable fallout of their choices.

Chapter 1 The Great Escape

As the clock struck noon, three friends—Emma, Jake, and Mia—sat in their history class, their minds wandering far from discussions about ancient civilizations. Instead, they lamented the lack of excitement in their lives, and the thought of a blockbuster film showing at the local cinema began to gnaw at them. They had heard whispers of the latest superhero movie that promised thrilling action and laughter. It was a cinematic event they simply couldn't miss.

With a collective glint of mischief in their eyes, they hatched a plan. Under the guise of a bathroom break, they slipped out of the classroom unnoticed. Heart rates surged as they crept down the hall, careful to avoid the watchful eyes of teachers and staff. Their anticipation grew with every step they took toward the front entrance.

Chapter 2 A Day at the Movies

Once free from the school grounds, the trio bolted toward the nearby cinema, their laughter echoing in the air. They purchased their tickets, barely containing their excitement, and settled into their seats just as the previews began. The movie, packed with thrilling action and humor, exceeded their expectations. For those brief moments, they felt liberated from the burdens of schoolwork and grades, a feeling they relished.

With popcorn in hand and their worries left behind, Emma, Jake, and Mia reveled in their little adventure. They shared inside jokes, cheered during exciting scenes, and even mimicked some of the movie's iconic lines. It was a perfect escape—a day to remember.

Chapter 3 The Consequences

However, the euphoria of their cinematic adventure was short-lived. As the credits rolled and they emerged from the theater, reality set in. Word of their absence had circulated back to school, and by the time they returned, a troubling silence engulfed the hallway. The thrill of defiance quickly gave way to anxiety as they faced detention rumors and the concerned inquiries from teachers and school administrators.

Upon their arrival, they were met with a mix of disbelief and sternness from their teachers. The trio was called into the principal's office, where they faced a series of questions regarding their absence. Although they were initially apprehensive, they ultimately decided to own up to their escapade, citing their desire for a break from routine as their motivation.

The principal, shaking her head but also suppressing a smirk, decided on a punishment that aimed to teach rather than break spirits. Each student would complete additional community service hours, but she also reminded them of the importance of responsibility and making better choices.

Chapter 4 Lessons Learned

This escapade served as a powerful lesson for Emma, Jake, and Mia. While the freedom and thrill of breaking out of school had provided a temporary high, the reality of consequences was an unavoidable part of their adventure. They learned that while seeking excitement is natural, it is essential to balance it with responsibility.

In the end, their story spread across the school, becoming a humorous anecdote in the halls and a reminder of youthful spontaneity. The trio, bonded by their adventure, promised each other that next time they sought a break from routine, it would be done with a bit more planning—perhaps even during a long weekend.

As they returned to their studies, Emma, Jake, and Mia couldn't help but smile at their daring choice. They might have broken the rules for a day, but they also gained priceless memories, learned valuable lessons, and solidified their friendship—a reminder that sometimes, the greatest adventures come with a hint of rebellion.

24- Drei Schüler laufen von der Schule weg, um einen Film zu sehen: Eine Geschichte voller Abenteuer und Konsequenzen

In einer kleinen Stadt, in der der Schulalltag oft eintönig ist, fand letzten Freitag eine waghalsige Flucht statt, als drei abenteuerlustige Schüler beschlossen, sich von der Enge der akademischen Welt zu befreien und filmische Spannung zu genießen. Was als harmloser Plan begann, um der Düsternis des Schultages zu entkommen, verwandelte sich bald in eine Geschichte voller Aufregung, Lachen und den unvermeidlichen Konsequenzen ihrer Entscheidungen.

Kapitel 1: Die große Flucht

Als die Uhr Mittag schlug, saßen die drei Freunde (Emma, Jake und Mia) im Geschichtsunterricht und ihre Gedanken wanderten von den Diskussionen über alte Zivilisationen ab. Stattdessen beklagten sie den Mangel an Aufregung in ihrem Leben, und der Gedanke an einen Blockbuster, der in einem örtlichen Kino gezeigt wird, begann an ihnen zu nagen. Sie hatten Gerüchte über den neuesten Superheldenfilm gehört, der spannende Action und Lacher versprach. Es war definitiv ein filmisches Ereignis, das sie nicht verpassen durften.

Mit einem kollektiven Funkeln des Unfugs in den Augen schmiedeten sie einen Plan. Unter dem Deckmantel einer Toilettenpause verließen sie unbemerkt das Klassenzimmer. Sein Herzschlag schoss in die Höhe, als er langsam den Flur entlangging, wobei er darauf achtete, den wachsamen Blicken der Lehrer und des Lehrers auszuweichen. Mit jedem Schritt, den sie in Richtung Vordereingang machten, wuchsen ihre Erwartungen.

Teil 2: Ein Tag im Kino

Nachdem das Trio das Schulgelände verlassen hatte, rannten sie in Richtung des nahegelegenen Kinos, ihr Lachen hallte in der Luft wider.

Sie konnten ihre Aufregung kaum unterdrücken, als die Vorpremiere begann, kauften ihre Tickets und machten es sich auf ihren Plätzen bequem. Gefüllt mit spannender Action und Humor übertraf der Film die Erwartungen. In diesen kurzen Momenten fühlten sie sich von der Last der Schularbeiten und Noten befreit und genossen es sehr.

Popcorn in der Hand und die Sorgen hinter sich gelassen Emma, Jake und Mia, die ihr kleines Abenteuer genießen. Sie teilten herzliche Witze, jubelten über aufregende Szenen und ahmten sogar einige der ikonischen Zeilen des Films nach. Es war der perfekte Kurzurlaub; Ein unvergesslicher Tag.

Teil 3 Schlussfolgerungen

Doch die Euphorie seiner filmischen Abenteuer währte nur kurz. Als der Abspann lief und das Kino verließ, setzte die Realität ein. Ihre Abwesenheit verbreitete sich in der ganzen Schule, und als sie zurückkehrten, erfüllte eine unangenehme Stille den Flur. Angesichts von Gerüchten über Inhaftierungen und relevanten Fragen von Lehrern und Schulverwaltern wich die Aufregung über die Herausforderung schnell der Angst.

Bei ihrer Ankunft wurden sie von ihrem Lehrer mit einer Mischung aus Überraschung und Strenge begrüßt. Das Trio wurde in das Büro des Direktors zitiert, wo sie mit einer Reihe von Fragen zu ihrer Abwesenheit konfrontiert wurden. Obwohl sie anfangs besorgt waren, beschlossen sie schließlich, ihre Flucht zu wagen, da sie den Wunsch hatten, sich von der Routine zu lösen.

Kopfschüttelnd, aber auch mit einem unterdrückten Lächeln, entschied sich der Direktor für eine Strafe, die eher lehren als demoralisieren sollte. Jeder Schüler absolvierte zusätzliche Stunden gemeinnütziger Arbeit, aber es erinnerte ihn auch daran, wie wichtig es ist, Verantwortung zu übernehmen und bessere Entscheidungen zu treffen.

Kapitel 4 Gelernte Lektionen

Diese Flucht war eine wichtige Lektion für Emma, Jake und Mia. Obwohl die Freiheit und Aufregung des Schwänzens für vorübergehendes Glück sorgte, war die Realität der Ergebnisse ein unvermeidlicher Teil ihres Abenteuers. Sie haben gelernt, dass es natürlich ist, Aufregung zu suchen, aber es ist wichtig, sie mit Verantwortung in Einklang zu bringen.

Schließlich verbreitete sich ihre Geschichte in der ganzen Schule und wurde zu einer urkomischen Anekdote auf den Fluren und zu einer Erinnerung an die Spontaneität der Jugend. Verbunden durch ihre Abenteuer versprach sich das Trio, dass sie das nächste Mal, wenn sie sich von der Routine lösen wollten, dies mit etwas mehr Planung tun würden, vielleicht sogar über ein verlängertes Wochenende.

Als Emma, Jake und Mia in ihre Schule zurückkehrten, konnten sie sich ein Lächeln über diese mutige Entscheidung nicht verkneifen. Sie mögen vielleicht einen Tag lang die Regeln gebrochen haben, aber sie haben auch unbezahlbare Erinnerungen geschaffen, wertvolle Lektionen gelernt und ihre Freundschaft gefestigt; Es ist eine Erinnerung daran, dass die größten Abenteuer manchmal mit ein wenig Rebellion einhergehen.

25. The Enchanted Encounter: A Princess, a Prince, and the Magic of the Forest

Once upon a time, in a land where lush green hills rolled beneath a bright azure sky, there lived a princess named Elara. She resided in the magnificent Rosewood Palace, a grand structure adorned with intricate tapestries and shimmering chandeliers. While the palace was filled with luxury, it lacked the excitement and adventure that Elara so desperately craved.

With each passing day, the walls of her gilded cage felt more confining, and the laughter of courtiers and the melodious notes of harpsichords began to fade into a monotonous drone. Elara longed for freedom, for a taste of adventure that lay beyond the flower-laden garden of the palace. She yearned to explore the mysteries of the vast forest that bordered her kingdom.

One crisp autumn morning, the sun cast a golden hue upon the sprawling land. Inspired by a spark of rebellion, Elara decided to sneak away for the day into the enchanting woods. Dressed in a simple cloak to disguise her royal identity, she slipped past the guards and through the towering iron gates of the palace, her heart racing with excitement.

The forest welcomed her with open arms. Sunlight filtered through the canopy, creating a magical tapestry of light and shadows that danced on the forest floor. The air was fragrant with wildflowers and the sounds of chirping birds filled her ears. The carefree laughter of woodland creatures echoed like music in her heart, and Elara couldn't help but twirl in delight as she ventured deeper into the trees.

Hours passed as she wandered, losing herself in the beauty of nature. Yet, as the sun began to dip below the horizon, she realized she had strayed far from the path home. Just as she felt a flicker of worry, she stumbled upon a quaint glade bathed in golden light. In the center stood a crystal-clear pond, its surface shimmering like a thousand diamonds, and beside it sat a young man, seemingly lost in thought.

As Elara approached, their eyes met, and the world around them faded away. The young man introduced himself as Prince Kaelan, heir to the kingdom of Lyria, renowned for its brave knights and captivating myths. Kaelan had ventured into the woods to seek solace and to escape the weight of royal expectations, much like Elara.

They spent hours talking, sharing dreams and tales of their respective lives—Elara spoke of her love for freedom, while Kaelan shared his longing for adventure beyond the castle walls. As they laughed and connected, a spark ignited between them, an undeniable bond forged through their shared whims of youth and longing for adventure.

The sun set slowly, painting the sky with hues of orange and pink, and Elara reluctantly realized it was time to return home. They exchanged tokens of their newfound friendship—a delicate bracelet made of wildflowers for Elara and a small silver pendant for Kaelan, engraved with the symbol of their kingdoms intertwined.

The parting was bittersweet, filled with the promise of a future meeting, and as Elara retraced her steps back through the forest, her heart brimmed with joy. The walls of the Rosewood Palace no longer felt oppressive; instead, they held the promise of change.

In the days that followed, Elara and Kaelan found ways to meet again, sharing secret adventures and whispers of dreams beneath the ancient trees. Their friendship blossomed into something deeper—a love born of understanding and shared desires.

Over time, they devised a plan to unite their kingdoms, bridging the gap between their worlds. Together, they envisioned a realm where royal obligations did not hinder personal happiness, where adventure would become a reality for all.

Finally, they approached their families with a bold proposal, one that ignited hope and excitement. Their love not only strengthened the bond between their kingdoms but also inspired their people to embrace a life filled with joy and discovery.

Thus, what began as a seemingly boring existence for a princess transformed into an extraordinary tale of love and adventure. Elara and Kaelan became legends, and their story inspired generations, a reminder that sometimes, the most magical encounters happen when we dare to step outside the boundaries set for us.

In the heart of the forest, where two lives intertwined, the spirit of adventure forever flourished, and the promise of love echoed amid the trees, reminding all who dared to listen that life beyond the palace walls was waiting to be discovered.

25- Magische Begegnung: Eine Prinzessin, ein Prinz und die Magie des Waldes

Es war einmal eine Prinzessin namens Elara in einem Land, in dem sich üppig grüne Hügel unter einem strahlend azurblauen Himmel erstreckten. Er lebte im prächtigen Rosetree Palace, einem prächtigen Bauwerk, das mit komplizierten Wandteppichen und schimmernden Kronleuchtern verziert ist. Der Palast war zwar voller Luxus, aber es fehlte ihm die Aufregung und das Abenteuer, nach denen sich Elara so verzweifelt sehnte.

Die Wände seines vergoldeten Käfigs wurden immer enger, und das Lachen der Höflinge und die melodischen Töne des Cembalos begannen sich in ein eintöniges Brummen zu verwandeln. Elara sehnte sich nach Freiheit, nach dem Geschmack des Abenteuers jenseits des blumengeschmückten Gartens des Palastes. Er sehnte sich danach, die Geheimnisse des riesigen Waldes zu erforschen, der sein Königreich umgab.

An einem kühlen Herbstmorgen verlieh die Sonne dem weitläufigen Land einen goldenen Farbton. Inspiriert von einem Funken der Rebellion beschloss Elara, sich für einen Tag in den Zauberwald zu schleichen. Er trug einen einfachen Mantel, um seine königliche Identität zu verbergen, und ging an den Wachen vorbei und durch die hohen Eisentore des Palastes, sein Herz raste vor Aufregung.

Der Wald empfing ihn mit offenen Armen. Das Sonnenlicht drang durch das Blätterdach und erzeugte eine magische Textur aus Licht und Schatten, die über den Waldboden tanzten. Die Luft roch nach Wildblumen und das Zwitschern der Vögel erfüllte seine Ohren. Das unbeschwerte Lachen der Waldbewohner hallte wie Musik in ihrem Herzen wider, und Elara konnte nicht anders, als sich vor Freude zu drehen, als sie sich tiefer in die Bäume vorarbeitete.

Stunden vergingen, während ich umherwanderte und mich in der Schönheit der Natur verlor. Erst als die Sonne hinter dem Horizont unterzugehen begann, erkannte er, dass er sich zu weit vom Heimweg entfernt hatte. Gerade als er einen Funken von Angst spürte, stolperte er über eine interessante Öffnung, die in goldenes Licht getaucht war. In der Mitte stand ein kristallklarer Teich, dessen Oberfläche wie tausend Diamanten schimmerte, und daneben saß ein junger Mann, der anscheinend in Gedanken versunken war.

Als Elara sich näherte, trafen sich ihre Blicke und die Welt um sie herum verschwand. Der junge Mann stellte sich als Prinz Kaelan vor, der Erbe des Königreichs Lyrien, das für seine tapferen Ritter und faszinierenden Mythen berühmt ist. Wie Elara hatte auch Kaelan den Mut, sich in den Wald zu wagen, um Trost zu finden und der Last der königlichen Erwartungen zu entkommen.

Sie verbrachten Stunden damit, sich zu unterhalten, ihre Träume und Geschichten über ihr Leben zu teilen; Elara sprach über ihre Liebe zur Freiheit, während Kaelan ihre Sehnsucht nach Abenteuern jenseits der Burgmauern teilte. Als sie lachten und sich verbanden, entzündete sich ein Funke zwischen ihnen; Dank der gemeinsamen jugendlichen Launen und der Sehnsucht nach Abenteuer entstand eine unbestreitbare Bindung.

Die Sonne ging langsam unter und färbte den Himmel in Orange- und Rosatönen, und Elara erkannte widerwillig, dass es Zeit war, nach Hause zurückzukehren. Sie tauschten Symbole ihrer neu gefundenen Freundschaft aus: ein zartes Armband aus Wildblumen für Elara und eine kleine silberne Halskette für Kaelan, in die das Symbol ihres miteinander verflochtenen Königreichs eingraviert war.

Die Trennung war bitter und süß zugleich, erfüllt von dem Versprechen eines zukünftigen Wiedersehens, und ihr Herz war von Freude erfüllt, als Elara in den Wald zurückkehrte. Die Mauern des Rosenbaumpalastes fühlten sich nicht mehr bedrückend an; Stattdessen versprachen sie Veränderung.

In den folgenden Tagen fanden Elara und Kaelan Wege, sich wieder zu vereinen, indem sie geheime Abenteuer und Traumgeflüster unter uralten Bäumen teilten. Ihre Freundschaft entwickelte sich zu etwas Tieferem; Eine Liebe, die aus dem Verständnis und den gemeinsamen Wünschen geboren wurde.

Im Laufe der Zeit entwickelten sie einen Plan, um ihr Königreich zu vereinen, indem sie die Kluft zwischen ihren Welten überbrückten. Gemeinsam träumten sie von einem Land, in dem die königlichen Verpflichtungen das persönliche Glück nicht beeinträchtigen und in dem das Abenteuer für alle zur Realität wird.

Schließlich wandten sie sich mit einem mutigen Vorschlag an ihre Familien, der Hoffnung und Begeisterung auslöste. Ihre Liebe stärkte nicht nur das Band zwischen den Königreichen, sondern inspirierte ihr Volk auch zu einem Leben voller Freude und Entdeckungen.

So wurde das Dasein, das für eine Prinzessin langweilig schien, zu einer außergewöhnlichen Liebes- und Abenteuergeschichte. Elara und Kaelan sind zu Legenden geworden, und ihre Geschichten haben Generationen inspiriert; Es erinnert uns daran, dass manchmal die magischsten Begegnungen stattfinden, wenn wir es wagen, die uns gesetzten Grenzen zu überschreiten.

Im Herzen des Waldes, wo zwei Leben miteinander verflochten waren, blühte der Abenteuergeist für immer, und das Versprechen der Liebe hallte durch die Bäume und erinnerte jeden, der es wagte, zuzuhören, daran, dass das Leben jenseits der Palastmauern darauf wartete, entdeckt zu werden.

ENGLISH FOR GERMAN SPEAKERS

Es wurde in englischer und deutscher Sprache erstellt, so dass deutsche Muttersprachler es gut verstehen können. Diese Geschichten machen nicht nur Spaß beim Lesen, sondern helfen auch Schülern der Stufen A1 und A2, ihre Englischkenntnisse zu üben.

Wörter, die im täglichen Leben verwendet werden, wurden in den Geschichten für Anfänger verwendet, um neue Wörter zu verstehen und zu lernen, um ihnen das Verstehen des Gelesenen zu erleichtern.

Einfache Geschichten enthalten kurze Sätze, die den Schülern helfen, dem Thema zu folgen, ohne verwirrt zu werden. Die Themen sind nachvollziehbar und ansprechend und motivieren die Schüler, mehr zu lesen. Durch Geschichten können die Leser etwas über verschiedene Kulturen und Alltagssituationen erfahren, was das Erlernen von Sprachen noch wichtiger macht.

Diese Geschichten können Anfänger dazu inspirieren, das Sprechen zu üben, indem sie Geschichten nacherzählen oder mit Freunden und Lehrern diskutieren. Einfache Geschichten sind eine ausgezeichnete Ressource für A1- und A2-Englischlernende.

Sie machen das Lernen angenehm und effektiv. Durch das Lesen dieser Geschichten können die Schüler ihren Wortschatz, ihr Verständnis und ihre Sprechfähigkeiten verbessern. Geschichten, die auf einfachem Vokabular, kurzen Sätzen, interessanten Themen und ermutigender Rede basieren, ermöglichen es Ihnen, eine gute Zeit zu haben, und helfen Ihnen beim Lernen.

Not only are these stories fun to read, but they also help A1 and A2 level students practice their English skills.

Words used in daily life were used in the stories for beginners to understand and learn new words, thus making it easier for them to understand what they read. Simple stories contain short sentences that help students follow along with the topic without getting confused.

The themes are relatable and engaging, motivating students to read more. Through stories, readers can learn about different cultures and everyday situations, making language learning more important. These stories can inspire beginners to practice speaking by retelling stories or discussing them with friends and teachers. Simple stories are an excellent resource for A1 and A2 English learners. They make learning enjoyable and effective. By reading these stories, students can improve their vocabulary, comprehension, and speaking skills.

The only written podcast in the world A written, entertaining podcast book that is very different from the podcasts you are used to.

It is a written podcast in which we tell you about the conversations that take place in a podcast program that exists between the pages. Whether you read to learn English or to have a good time and learn effective topics. A friendship platform that allows you to have a good time and practice English, talking about different topics with our presenters and guests. Unlock your English learning journey with engaging podcasts!

Discover effective reading techniques, improve your vocabulary and enjoy a variety of topics. Perfect for all levels, our curated list of English learning podcasts makes language acquisition fun and accessible. Unlock the power of language learning with our engaging English podcasts! Discover insightful conversations, vocabulary tips, and real-life scenarios that make mastering English easy and enjoyable.

Don't miss out!

Visit the website below and you can sign up to receive emails whenever cemal yazıcı publishes a new book. There's no charge and no obligation.

https://books2read.com/r/B-A-XLDEB-ATCGF

BOOKS 2 READ

Connecting independent readers to independent writers.

About the Author

Cemal Yazıcı is committed to developing a series of storybooks specifically designed to aid English language learning. Each book is meticulously crafted, focusing on a variety of themes that resonate with readers of different ages and backgrounds. He created a series of English stories, workbooks and English practice books on English.